বাংলাদেশের আগামীর রাজনীতি (১ম খন্ড)

৩২.বাংলাদেশের সার্বভৌমত্ব রক্ষায় আগামীর রাজনীতি কেমন ভুমিকা রাখতে পারে বিস্তারিত আলোচনা করুন।

৩৩ তম অধ্যায়

৩৩.বাংলাদেশের বিরুদ্ধে বহির্বিশ্ব তথা পার্শ্ববর্তী রাষ্ট্রের সকল ষড়যন্ত্র মোকাবেলায় আগামীর রাজনীতি কিভাবে কাজ করতে পারে বিস্তারিত আলোচনা করুন।

৩৪ তম অধ্যায়

৩৪. বাংলাদেশের সকল ধরনের জাতীয় স্বার্থ ও সার্বভৌমত্ব রক্ষায় সরকারী দল ও বিরোধী দলসহ সকল নাগরিকদের সমন্বয় করে আগামীর রাজনীতি কিভাবে কাজ করতে পারে বিস্তারিত আলোচনা করুন।

৩৫ তম অধ্যায়

৩৫. বাংলাদেশের সার্বভৌমত্ব এবং সীমানা রক্ষায় সকল নাগরিকদের সামরিক শিক্ষায় স্বশিক্ষিত করতে আগামীর রাজনীতি কিভাবে কাজ করতে পারে বিস্তারিত আলোচনা করুন।

৩৬ তম অধ্যায়

৩৬. বাংলাদেশের বিচার বিভাগকে সম্পূর্ণ স্বাধীন এবং দুর্নীতিমুক্ত করতে আগামীর রাজনীতি কি ধরনের ভুমিকা রাখতে পারে বিস্তারিত আলোচনা করুন।

৩৭ তম অধ্যায়

৩৭. বাংলাদেশের অভ্যন্তরিন রাজনীতি কে স্থিতিশীল এবং উন্নত রাষ্ট্র গঠনে আগামীর রাজনীতি কি ধরনের ভুমিকা রাখতে পারে বিস্তারিত আলোচনা করুন।

৩৮ তম অধ্যায়

৩৮. আন্তর্জাতিক অঙ্গনে বাংলাদেশের রাজনীতিকে শক্তিশালীকরণে আগামীর রাজনীতি কি ধরনের ভুমিকা রাখতে পারে বিস্তারিত আলোচনা করুন।

৩৯ তম অধ্যায়

৩৯. বাংলাদেশের ইতিহাস, ঐতিহ্য এবং সংস্কৃতি রক্ষায় আগামীর রাজনীতি কি ধরনের ভুমিকা রাখতে পারে বিস্তারিত আলোচনা করুন।

৪০ তম অধ্যায়

৪০.বাংলাদেশের মানব সম্পদকে যথাযথ ভাবে ব্যবহার করার জন্য আগামীর রাজনীতি কি ভাবে কাজ করতে পারে বিস্তারিত আলোচনা করুন।

৪১ তম অধ্যায়

৪১.বাংলাদেশের অর্থনীতিকে শক্তিশালী করতে হলে আগামীর রাজনীতি কি ভাবে কাজ করতে পারে বিস্তারিত আলোচনা করুন।

৪২ তম অধ্যায়

৪২.পরিবেশ ও জলবায়ু রক্ষায় আগামীর রাজনীতি কি ধরনের ভুমিকা রাখতে পারে বিস্তারিত আলোচনা করুন।

৪৩ তম অধ্যায়

৪৩. তথ্য ও প্রযুক্তির উন্নয়নে আগামী রাজনীতি কি ধরনের ভুমিকা রাখতে পারে বিস্তারিত আলোচনা করুন।

৪৪ তম অধ্যায়

৪৪. বিদ্যুৎ ও জ্বালানি সংকট নিয়ন্ত্রণে আগামী রাজনীতি কি ধরনের ভুমিকা রাখতে পারে বিস্তারিত আলোচনা করুন।

৪৫ তম অধ্যায়

৪৫.অর্থনৈতিক বৈষম্য কমাতে এবং সম্পদের সমাবন্টন ব্যবস্থায় আগামীর রাজনীতি বাংলাদেশে কি ধরনের ভুমিকা রাখতে পারে বিস্তারিত আলোচনা করুন।

৪৬ তম অধ্যায়

৪৬.দেশে শিল্প ও বাণিজ্যের বিকাশে আগামী রাজনীতি কি ধরনের ভুমিকা রাখতে পারে বিস্তারিত আলোচনা করুন।

১ ম অধ্যায়

১.রাজনীতি বলতে আমরা কি বুঝি এবং রাজনীতির বিভিন্ন দিক বিস্তারিত আলোচনা করুন।

"রাজনীতি" বলতে সেই কার্যকলাপ এবং প্রক্রিয়াকে বোঝানো হয় যা একটি দেশ, অঞ্চল বা সমাজে শাসন ব্যবস্থা ও নীতি নির্ধারণের সঙ্গে সম্পর্কিত। রাজনীতির মাধ্যমে শাসন ব্যবস্থার নিয়ম-কানুন নির্ধারণ, জনস্বার্থে সিদ্ধান্ত গ্রহণ এবং সমাজের বিভিন্ন শ্রেণির মধ্যে শক্তির বণ্টন ঘটে। এটি একটি জটিল প্রক্রিয়া যেখানে ক্ষমতা অর্জন, ব্যবহার এবং নিয়ন্ত্রণ করা হয়। রাজনীতি বলতে মূলত সেই প্রক্রিয়া, কার্যকলাপ বা কাঠামোকে বোঝায় যার মাধ্যমে একটি সমাজ বা রাষ্ট্র পরিচালিত হয় এবং ক্ষমতা বণ্টিত ও ব্যবহৃত হয়। এটি জনগণের মধ্যে সিদ্ধান্ত গ্রহণের এবং ক্ষমতা প্রয়োগের মাধ্যম। রাজনীতির লক্ষ্য হলো রাষ্ট্র বা সমাজের স্থিতিশীলতা, শান্তি, উন্নয়ন এবং জনগণের কল্যাণ নিশ্চিত করা। রাজনীতির মাধ্যমে আইনের শাসন, নীতি প্রণয়ন, অধিকার সংরক্ষণ, এবং বিভিন্ন প্রতিষ্ঠান পরিচালনা করা হয়।

রজনীতির বিভিন্ন দিক:-

★ক্ষমতার বণ্টন ও ব্যবহার:- রাজনীতি মূলত ক্ষমতার বণ্টন ও ব্যবহারের মাধ্যমে সমাজকে পরিচালনা করে। এটি নির্বাচিত

প্রতিনিধিদের মাধ্যমে ক্ষমতা প্রয়োগ করে জনগণের সেবায়।

★ **নীতিনির্ধারণ ও আইন প্রণয়ন:-** রাজনীতির মাধ্যমে নীতিমালা প্রণয়ন করা হয়, যা একটি রাষ্ট্র বা সমাজের পরিচালনার দিকনির্দেশনা দেয়। এতে আইন প্রণয়ন, বাজেট তৈরি, এবং বিভিন্ন প্রশাসনিক কাজ সম্পন্ন করা হয়।

★ **সামাজিক ও অর্থনৈতিক উন্নয়ন:-** রাজনীতি সমাজ ও রাষ্ট্রের সামগ্রিক উন্নয়নের জন্য কাজ করে। এটি স্বাস্থ্য, শিক্ষা, অবকাঠামো, এবং অর্থনীতির উন্নয়নে ভূমিকা রাখে।

★ **সরকার ও বিরোধী দল:-** রাজনীতিতে সরকার এবং বিরোধী দল থাকে। সরকার রাষ্ট্র পরিচালনা করে, আর বিরোধী দল সরকারের কার্যক্রম পর্যবেক্ষণ ও সমালোচনা করে।

★ **বহির্দেশীয় সম্পর্ক ও কূটনীতি:-** রাজনীতি আন্তর্জাতিক সম্পর্ক ও কূটনীতির মাধ্যমে একটি দেশের বৈদেশিক নীতি নির্ধারণ করে এবং অন্যান্য রাষ্ট্রের সাথে সম্পর্ক বজায় রাখে।

উপসংহার:-সার্বিকভাবে, রাজনীতি হলো একটি রাষ্ট্র বা সমাজের কাঠামো পরিচালনা এবং জনগণের কল্যাণ নিশ্চিত করার জন্য গ্রহণ করা বিভিন্ন কার্যকলাপ ও সিদ্ধান্ত গ্রহণের প্রক্রিয়া।রাজনীতি বিভিন্ন স্তরে হতে পারে, যেমন স্থানীয়, জাতীয়, বা আন্তর্জাতিক।

২য় অধ্যায়

২. কেন আমরা রাজনীতি করবো এবং কিভাবে রাজনীতিতে অংশগ্রহণ করা যায় বিস্তারিত আলোচনা করুন।

রাজনীতি একটি সমাজের গুরুত্বপূর্ণ ভিত্তি, যার মাধ্যমে একটি রাষ্ট্রের সুশাসন, উন্নয়ন এবং জনসাধারণের কল্যাণ নিশ্চিত করা হয়। রাজনীতির সাথে যুক্ত হওয়া এবং এটি করা কেন গুরুত্বপূর্ণ, তা নিচে বিস্তারিত আলোচনা করা হলো:

আমাদের কেন রাজনীতি করা উচিত?

★ **সামাজিক পরিবর্তনে ভূমিকা রাখা:-**রাজনীতির মাধ্যমে একটি সমাজে সমস্যা চিহ্নিত করে তার সমাধানের পথ তৈরি করা যায়। এটি দুর্নীতি দূর করা, শিক্ষা ও স্বাস্থ্যব্যবস্থার উন্নয়ন, এবং সাম্য প্রতিষ্ঠার জন্য অত্যন্ত কার্যকর।

★ **ন্যায়বিচার ও সমতা প্রতিষ্ঠা:-**রাজনীতির মাধ্যমে আইন ও নীতিমালা তৈরি করে সমাজে সকলের জন্য সমান অধিকার এবং সুযোগ নিশ্চিত করা যায়।

★ **<u>নেতৃত্ব গড়ে তোলা:</u>-**রাজনীতি মানুষকে নেতৃত্বের সুযোগ দেয়, যা সমাজকে সঠিক পথে পরিচালিত করার জন্য প্রয়োজন। একজন ভালো রাজনৈতিক নেতা জনকল্যাণে কাজ করে সমাজে দৃষ্টান্ত স্থাপন করতে পারেন।

★ **গণতন্ত্র ও মত প্রকাশের স্বাধীনতা রক্ষা-**রাজনীতি মানুষকে তাদের অধিকার এবং মতামত প্রকাশের সুযোগ দেয়। গণতন্ত্রের মূলে রাজনীতির ভূমিকা অপরিহার্য।

★ **উন্নয়ন ত্বরান্বিত করা:-**অর্থনৈতিক, প্রযুক্তিগত এবং সামাজিক উন্নয়ন ত্বরান্বিত করতে কার্যকর নীতি ও পরিকল্পনা বাস্তবায়ন রাজনীতির মাধ্যমে সম্ভব।

★ **জনকল্যাণে সক্রিয় ভূমিকা রাখা:-**রাজনীতিতে অংশগ্রহণের মাধ্যমে সমাজের জন্য কাজ করা যায় এবং জনগণের দুঃখ-দুর্দশা দূর করা সম্ভব।

★ **সত্যিকারের নেতৃত্ব প্রদান:-**যদি সৎ ও দায়িত্ববান ব্যক্তি রাজনীতিতে আসেন, তবে দুর্নীতি হ্রাস পায় এবং জনসেবার মান বাড়ে।

★ **পরিবর্তন আনার সুযোগ:-**যারা সমাজের অসংগতি বা সমস্যাগুলো দূর করতে চান, তাদের রাজনীতিতে এসে সরাসরি উদ্যোগ নেওয়া উচিত।

★ **যুব সমাজকে নেতৃত্বে আনা:-**রাজনীতি তরুণদের জন্য একটি প্ল্যাটফর্ম, যেখানে তারা তাদের শক্তি এবং উদ্ভাবনী ক্ষমতা ব্যবহার করে দেশকে এগিয়ে নিতে পারে।

<u>রাজনীতিতে কীভাবে অংশগ্রহণ করা যায়?</u>

★ **নাগরিক সচেতনতা বৃদ্ধি:-**প্রথম ধাপে, সমাজের সমস্যা সম্পর্কে সচেতন হওয়া এবং সেগুলোর সমাধান কীভাবে করা যায়, তা নিয়ে ধারণা রাখতে হবে।

★ **স্থানীয় পর্যায় থেকে শুরু করা:-**ইউনিয়ন, পৌরসভা বা ওয়ার্ড পর্যায়ে কাজ শুরু করে ধীরে ধীরে জাতীয় রাজনীতিতে অংশগ্রহণ করা।

★ **সৎ এবং দায়িত্ববান থাকা:-**রাজনীতিতে থাকাকালীন সৎ এবং নীতিবান থাকা অত্যন্ত গুরুত্বপূর্ণ, কারণ এটি জনগণের আস্থা অর্জনের জন্য অপরিহার্য।

★ **জনগণের জন্য কাজ করা:-**নিজের স্বার্থ নয়, বরং জনগণের কল্যাণকে অগ্রাধিকার দেওয়া উচিত।

উপসংহার:-রাজনীতি একটি সমাজকে সুশাসন, ন্যায়বিচার এবং সমৃদ্ধির দিকে নিয়ে যেতে সাহায্য করে। এটি কেবল ক্ষমতার খেলা নয়, বরং একটি দায়িত্ব, যা জনগণের কল্যাণ এবং উন্নয়নের জন্য। তাই, যদি সৎ, দক্ষ এবং জনকল্যাণমুখী মানুষ রাজনীতিতে আসে, তবে তা একটি দেশ ও জাতির উন্নয়নের জন্য বিশাল ভূমিকা রাখতে পারে।

৩.রাজনীতি না করলে বা রাজনীতিতে সক্রিয় অংশ গ্রহণ না করলে একজন মানুষ কি কি জিনিস থেকে বঞ্চিত হয় বিস্তারিত আলোচনা করুন।

রাজনীতি না করলে বা রাজনীতিতে সক্রিয় অংশগ্রহণ না করলে মানুষ এবং সমাজ অনেক গুরুত্বপূর্ণ বিষয় থেকে বঞ্চিত হতে পারে। এর বিস্তারিত আলোচনা নিচে করা হলো:-

★ **অধিকার আদায়ের সুযোগ থেকে বঞ্চিত হওয়া:**-রাজনীতিতে অংশগ্রহণ না করলে মানুষ তাদের নাগরিক অধিকার প্রতিষ্ঠার সুযোগ হারায়। যেমন, ভোটাধিকার প্রয়োগ না করা বা নির্বাচনে অংশগ্রহণ না করার ফলে মানুষ তাদের প্রতিনিধি নির্বাচন করার ক্ষমতা হারায়, যা ভবিষ্যতে নীতিনির্ধারণে প্রভাব ফেলতে পারে। ★ **নীতি ও সিদ্ধান্ত গ্রহণ প্রক্রিয়ায় অংশগ্রহণের অভাব:**-রাজনীতিতে সক্রিয় না থাকলে মানুষ নীতি নির্ধারণ বা সিদ্ধান্ত গ্রহণ প্রক্রিয়ায় সরাসরি ভূমিকা রাখতে পারে না। এর ফলে তাদের জীবনযাত্রার উন্নয়নে গুরুত্বপূর্ণ পরিবর্তন আনার সুযোগ হাতছাড়া হয়।

★ **উন্নয়ন ও সুযোগ থেকে বঞ্চিত হওয়া:**-রাজনীতি উন্নয়ন এবং অর্থনৈতিক সুযোগ-সুবিধা আনার একটি মাধ্যম। রাজনীতি থেকে দূরে থাকলে, অনেক সময় জনগণের ন্যায্য সুযোগ-সুবিধা মেলে না। যেমন, শিক্ষার উন্নয়ন, স্বাস্থ্যসেবা বা অবকাঠামোগত সুবিধা পাওয়ার জন্য রাজনৈতিক প্রতিনিধিত্ব অত্যন্ত গুরুত্বপূর্ণ।

★ **নেতিবাচক সিদ্ধান্তের শিকার হওয়ার সম্ভাবনা:**-যদি সৎ এবং জনকল্যাণে নিবেদিত ব্যক্তিরা রাজনীতিতে অংশ না নেন, তবে দুর্নীতিপ্রবণ বা অযোগ্য ব্যক্তিরা ক্ষমতা দখল করতে পারে। এটি সমাজে অসমতা সৃষ্টি করে এবং সাধারণ মানুষকে নেতিবাচক সিদ্ধান্তের শিকার হতে হয়।

★ **সচেতনতা এবং মত প্রকাশের স্বাধীনতা হারানো:**-রাজনীতি মানুষকে সমাজ এবং রাষ্ট্রের বিষয়ে সচেতন করে তোলে। রাজনীতিতে অংশগ্রহণ না করলে মানুষ সমাজের বাস্তব সমস্যাগুলো নিয়ে তাদের মতামত প্রকাশের সুযোগ পায় না।

★ **নেতৃত্বের অভাব:**-রাজনীতি না করলে, সৎ এবং দক্ষ নেতার অভাব দেখা দেয়। এ ধরনের নেতার অভাবে সমাজ ও রাষ্ট্র সঠিক পথে পরিচালিত হতে পারে না। এর ফলে, একটি দেশ বা সমাজের সম্ভাবনা পূর্ণতা পায় না।

★ **সমান সুযোগ থেকে বঞ্চিত হওয়া:**-রাজনীতি এমন একটি প্ল্যাটফর্ম যেখানে সাম্য প্রতিষ্ঠা করা যায়। এতে অংশগ্রহণ না করলে, দরিদ্র ও অবহেলিত জনগোষ্ঠী তাদের সুযোগ-সুবিধা থেকে বঞ্চিত হয় এবং বৈষম্য বৃদ্ধি পায়।

★ **প্রভাব ও নিরাপত্তা হারানো:**-রাজনীতি ব্যক্তিকে শুধু সামাজিক প্রভাবই দেয় না, বরং প্রয়োজনীয় সময় নিরাপত্তা এবং সমর্থনও দেয়। রাজনীতি থেকে দূরে থাকলে, মানুষের প্রভাব এবং সুরক্ষা কমে যেতে পারে।

★ **পরবর্তী প্রজন্মের জন্য উদাহরণ স্থাপন না করা:**-যদি মানুষ রাজনীতি থেকে দূরে থাকে, তবে পরবর্তী প্রজন্ম রাজনীতিতে

অংশগ্রহণের আগ্রহ হারায়। এটি একটি সমাজকে ভবিষ্যতে নেতৃত্বশূন্য করতে পারে।

উপসংহার:-রাজনীতি মানুষের দৈনন্দিন জীবন এবং রাষ্ট্রের উন্নয়নের কেন্দ্রবিন্দু। রাজনীতি থেকে দূরে থাকলে, মানুষ তার অধিকার, সুযোগ এবং উন্নয়নের জন্য গুরুত্বপূর্ণ ভূমিকা রাখতে পারে না। তাই সচেতন নাগরিক হিসেবে সঠিক এবং ন্যায়সংগত রাজনীতিতে অংশগ্রহণ করা উচিত।

৪. কেন আমদের রাজনিতি করা এবং রাজনৈতিক জ্ঞান বৃদ্ধি করা উচিত বিস্তারিত আলোচনা করুন।

রাজনীতি করা এবং রাজনৈতিক জ্ঞান বৃদ্ধি করা একটি দেশের নাগরিক হিসেবে অত্যন্ত গুরুত্বপূর্ণ। এর কিছু প্রধান কারণ হলো:-

★গণতান্ত্রিক অধিকার রক্ষা:-গণতন্ত্রের মূল ভিত্তি হলো জনগণের অংশগ্রহণ। রাজনীতি সম্পর্কে সচেতন হলে এবং রাজনীতিতে সক্রিয় হলে আমরা নিজেদের অধিকার ও দায়িত্ব সম্পর্কে সচেতন হতে পারি। এটি আমাদের নিজস্ব মতামত প্রকাশ, সঠিক প্রতিনিধিকে নির্বাচন, এবং গণতান্ত্রিক প্রক্রিয়ায় অংশগ্রহণ করতে সক্ষম করে।

★সুশাসন প্রতিষ্ঠা:-রাজনীতিতে সক্রিয় অংশগ্রহণের মাধ্যমে আমরা সরকার এবং নেতাদের কাছ থেকে সুশাসন আশা করতে পারি। সচেতন নাগরিকরা দুর্নীতি, অন্যায়, এবং ক্ষমতার অপব্যবহার প্রতিরোধ করতে পারে। রাজনৈতিক জ্ঞান থাকলে আমরা সরকারের কর্মকাণ্ড এবং নীতি-নির্ধারণের উপর নজর রাখতে পারি, যা একটি সুশাসিত দেশ গড়তে সহায়ক।

★সমাজের উন্নয়নে অবদান রাখা:-রাজনীতি হলো সমাজের বিভিন্ন সমস্যার সমাধান এবং উন্নয়নমূলক কাজ করার প্রধান মাধ্যম। রাজনৈতিক জ্ঞান ও অংশগ্রহণের মাধ্যমে আমরা সমাজের নানা সমস্যার সমাধানে ভূমিকা রাখতে পারি, যেমন শিক্ষা, স্বাস্থ্যসেবা, পরিবেশ, এবং সামাজিক ন্যায়বিচার। এভাবে আমাদের অংশগ্রহণ সমাজের সামগ্রিক উন্নয়নে গুরুত্বপূর্ণ প্রভাব ফেলে।

★ ব্যক্তিগত উন্নয়ন:-রাজনীতি করা এবং রাজনৈতিক জ্ঞান বৃদ্ধি আমাদের ব্যক্তিগত দৃষ্টিভঙ্গি ও চিন্তার উন্নয়ন ঘটায়। এটি আমাদের নেতৃত্বের গুণাবলি, যোগাযোগ দক্ষতা, এবং সমস্যা সমাধানের ক্ষমতা বাড়ায়। রাজনীতি আমাদের ব্যক্তিগতভাবে আরও সক্রিয়, সচেতন, এবং সুশৃঙ্খল করে তোলে।

★জাতীয় ঐক্য ও সংহতি সৃষ্টি:-রাজনৈতিক জ্ঞান বৃদ্ধি আমাদের মধ্যে জাতীয় ঐক্য ও সংহতি তৈরি করতে সহায়ক হয়। যখন সবাই রাজনীতিতে সচেতনভাবে অংশগ্রহণ করে এবং দেশের উন্নয়নে ভূমিকা রাখে, তখন সমাজে বিভাজন কমে যায় এবং ঐক্য ও সংহতির বোধ বাড়ে। এটি একটি সমৃদ্ধ এবং শক্তিশালী জাতি গড়তে সহায়ক হয়।

★পরিবর্তনের সুযোগ সৃষ্টি:-রাজনীতি হলো পরিবর্তনের প্রধান মাধ্যম। রাজনৈতিক জ্ঞান ও অংশগ্রহণের মাধ্যমে আমরা সামাজিক ও অর্থনৈতিক পরিবর্তন আনতে পারি। দেশের নীতি ও আইন পরিবর্তনে আমরা একটি সক্রিয় ভূমিকা রাখতে পারি এবং যে বিষয়গুলো আমাদের জীবনকে প্রভাবিত করে, সেগুলো নিয়ে সিদ্ধান্ত গ্রহণ প্রক্রিয়ায় অংশ নিতে পারি।

★ নির্বাচিত নেতৃত্বের উপর প্রভাব রাখা:-রাজনৈতিক জ্ঞান থাকলে আমরা সঠিক নেতাকে নির্বাচিত করতে পারি এবং তাদের কাজের মূল্যায়ন করতে পারি। এটি আমাদের নেতাদের জবাবদিহিতা করতে বাধ্য করে এবং সঠিক নেতৃত্ব প্রতিষ্ঠার জন্য সহায়ক হয়।

★ বিশ্ব নাগরিক হিসেবে ভূমিকা রাখা:-রাজনীতি শুধু দেশের ভেতরেই নয়, বৈশ্বিক প্রেক্ষাপটেও গুরুত্বপূর্ণ। আন্তর্জাতিক সম্পর্ক, বাণিজ্য, এবং বৈশ্বিক সমস্যাগুলো সম্পর্কে রাজনৈতিক জ্ঞান আমাদের একটি বৈশ্বিক নাগরিক হিসেবে তৈরি করে, যা বিশ্বব্যাপী সচেতনতা ও সম্প্রীতি বৃদ্ধিতে সহায়ক হয়।

উপসংহার:- সুতরাং রাজনীতি করা এবং রাজনৈতিক জ্ঞান বৃদ্ধি করা আমাদের নিজেদের জীবন, সমাজ, এবং দেশের উন্নয়নের জন্য অপরিহার্য। এটি আমাদের সচেতন, দায়িত্বশীল এবং সক্রিয় নাগরিক হিসেবে গড়ে তোলে, যা একটি শক্তিশালী ও সুশাসিত জাতি গঠনে সহায়ক।

৫.কেন তরুণদের রাজনিতিতে আসা উচিত বিস্তারিত আলোচনা করুন।

তরুণদের রাজনীতিতে এগিয়ে আসা উচিত কারণ তারা একটি জাতির ভবিষ্যৎ এবং পরিবর্তনের শক্তি হিসেবে বিবেচিত। তাদের অংশগ্রহণের মাধ্যমে সমাজ এবং দেশের উন্নয়ন ত্বরান্বিত হতে পারে। তরুণদের রাজনীতিতে এগিয়ে আসার কিছু প্রধান কারণ হলো:

★**নতুন দৃষ্টিভঙ্গি:**- তরুণরা নতুন ও উদ্ভাবনী ধারণা নিয়ে আসে, যা সমাজের বিভিন্ন সমস্যার সমাধানে সহায়ক হতে পারে। তারা প্রযুক্তি, বৈশ্বিক প্রবণতা এবং আধুনিক সমস্যা সম্পর্কে সচেতন, যা পুরোনো চ্যালেঞ্জগুলোকে নতুনভাবে সমাধান করতে পারে।

★**জাতীয় নেতৃত্বের প্রয়োজন:**-তরুণরা জাতীয় নেতৃত্বে ভূমিকা নিতে পারে, যা দীর্ঘমেয়াদী পরিবর্তনের জন্য প্রয়োজন। একজন তরুণ নেতা দেশের দীর্ঘস্থায়ী উন্নয়ন ও অগ্রগতির রূপরেখা তৈরি করতে সক্ষম।

★**গণতান্ত্রিক শক্তি:**- তরুণদের রাজনীতিতে অংশগ্রহণ গণতান্ত্রিক চর্চাকে আরও শক্তিশালী করে। গণতন্ত্র তখনই সফল হয়

যখন দেশের সব শ্রেণির মানুষ, বিশেষ করে তরুণরা, সক্রিয়ভাবে সিদ্ধান্ত গ্রহণ প্রক্রিয়ায় অংশ নেয়।

★**সামাজিক পরিবর্তন:** তরুণরা প্রায়ই সামাজিক ন্যায়বিচার, মানবাধিকার এবং পরিবেশগত সুরক্ষার মতো ইস্যুগুলোতে সচেতন থাকে এবং এসব ক্ষেত্রে গুরুত্বপূর্ণ পরিবর্তন আনতে পারে।

★**ভবিষ্যৎ নেতৃত্ব গড়ে তোলা:-** তরুণদের রাজনীতিতে অংশগ্রহণ তাদের নেতৃত্ব দেওয়ার ক্ষমতা বৃদ্ধি করে। আজকের তরুণরাই আগামী দিনের নেতা হবে, এবং তাদের রাজনীতিতে যুক্ত হওয়া তাদের ভবিষ্যৎ নেতৃত্বের জন্য প্রস্তুত করে।

★**সমাজের প্রতিনিধিত্ব:** তরুণরা সমাজের একটি বড় অংশ, এবং তাদের সমস্যাগুলো সঠিকভাবে তুলে ধরতে তারা নিজেদের প্রতিনিধিত্ব করতে পারে। তরুণদের অংশগ্রহণ তাদের জীবনের বাস্তবতা ও চাহিদার সঙ্গে সঙ্গতিপূর্ণ নীতি গঠনে সহায়ক হতে পারে।

★**দুর্নীতি মোকাবেলা:-** তরুণদের সততা এবং আদর্শিক মানসিকতা অনেক সময় পুরোনো রাজনৈতিক সংস্কৃতির দুর্নীতি ও স্বার্থপরতা থেকে মুক্ত থাকার সম্ভাবনা তৈরি করে। তারা নৈতিক ও কার্যকর প্রশাসন তৈরি করতে সহায়ক হতে পারে।

উপসংহার:- সুতরাং এ কারণে তরুণদের রাজনীতিতে সক্রিয়ভাবে অংশগ্রহণ গুরুত্বপূর্ণ, যাতে তারা দেশের উন্নয়ন, শান্তি, এবং সমৃদ্ধির জন্য কাজ করতে পারে।

৬ষ্ঠ অধ্যায়

কেমন হবে বাংলাদেশের আগামীর রাজনিতি বিস্তারিত আলোচনা।

বাংলাদেশের আগামীর রাজনীতি কেমন হবে, তা নির্ভর করে বিভিন্ন সামাজিক, অর্থনৈতিক, এবং রাজনৈতিক পরিবর্তনের ওপর। তবে কিছু প্রবণতা এবং চ্যালেঞ্জের ভিত্তিতে আমরা ভবিষ্যতের বাংলাদেশের রাজনীতির কিছু বৈশিষ্ট্য অনুমান করতে পারি:

★**তরুণ নেতৃত্বের উত্থান:-**আগামীতে বাংলাদেশের রাজনীতিতে তরুণদের আরও বেশি সক্রিয়ভাবে অংশগ্রহণ দেখা যাবে। তারা আধুনিক প্রযুক্তি ও বিশ্বব্যাপী প্রবণতাকে কাজে লাগিয়ে নতুন চিন্তা-ভাবনার মাধ্যমে রাজনীতিকে আধুনিকায়িত করতে পারে। তরুণদের জ্ঞান ও উদ্ভাবনী ক্ষমতা দেশকে নতুন উচ্চতায় নিয়ে যেতে সাহায্য করবে।

★**প্রযুক্তির ভূমিকা বৃদ্ধি:-**ডিজিটাল বাংলাদেশের কার্যক্রম এবং প্রযুক্তির অগ্রগতির ফলে আগামীর রাজনীতিতে ডিজিটাল মাধ্যমের ব্যবহার বাড়বে। অনলাইন প্রচারণা, ই-ভোটিং এবং সোশ্যাল মিডিয়ার প্রভাব আরও বেশি গুরুত্বপূর্ণ হয়ে উঠবে। পাশাপাশি, তথ্যপ্রযুক্তি ব্যবহার করে সুশাসন ও স্বচ্ছতা বৃদ্ধি করার প্রচেষ্টা চলবে।

★**গণতান্ত্রিক প্রতিষ্ঠানগুলোর শক্তিশালীকরণ:-**আগামীর বাংলাদেশে গণতান্ত্রিক প্রতিষ্ঠানগুলো আরও শক্তিশালী হতে পারে।

বিশেষ করে নির্বাচন কমিশন, বিচার বিভাগ এবং গণমাধ্যমকে আরও স্বাধীন ও কার্যকর করে তোলার প্রচেষ্টা চলবে। এর ফলে সুষ্ঠু ও নিরপেক্ষ নির্বাচনের সম্ভাবনা বাড়বে এবং জনগণের আস্থা ফিরে আসবে।

★ **পরিবেশ ও টেকসই উন্নয়নকে গুরুত্ব দেওয়া:**-পরিবেশগত চ্যালেঞ্জ, যেমন জলবায়ু পরিবর্তন, নদীর দূষণ, এবং প্রাকৃতিক দুর্যোগ মোকাবেলায় রাজনীতি আরও সচেতন হবে। টেকসই উন্নয়নের জন্য নীতি নির্ধারণে পরিবেশগত বিষয়গুলোকে প্রাধান্য দেওয়া হবে, যাতে দেশের ভবিষ্যৎ প্রজন্মের জন্য একটি বাসযোগ্য পরিবেশ তৈরি করা যায়।

★ **নারীর অংশগ্রহণ বৃদ্ধি:**-আগামীতে নারীদের রাজনীতিতে অংশগ্রহণ আরও বৃদ্ধি পেতে পারে। শিক্ষা ও কর্মক্ষেত্রে নারীদের অংশগ্রহণ বৃদ্ধির সঙ্গে সঙ্গে, তাদের রাজনৈতিক নেতৃত্বেও ব্যাপক পরিবর্তন আসতে পারে।

★ **সামাজিক আন্দোলনের প্রভাব:**-আগামী দিনে বাংলাদেশের রাজনীতিতে সামাজিক আন্দোলনের ভূমিকা আরও গুরুত্বপূর্ণ হতে পারে। বিশেষ করে তরুণ সমাজ এবং নাগরিক সমাজের অংশগ্রহণে মানবাধিকার, নারীর অধিকার, এবং শ্রমিকদের অধিকার নিয়ে বিভিন্ন আন্দোলন ও চাপ তৈরি হতে পারে। এসব আন্দোলন নীতিনির্ধারণে প্রভাব ফেলতে পারে।

★ **বহির্বিশ্বের সঙ্গে সম্পর্ক উন্নয়ন:**-আন্তর্জাতিক কূটনীতি ও বৈশ্বিক বাণিজ্য বাংলাদেশের রাজনীতিতে গুরুত্বপূর্ণ প্রভাব ফেলবে। ভবিষ্যতে বাংলাদেশ দক্ষিণ এশিয়া, চীন, ভারত, এবং যুক্তরাষ্ট্রের সঙ্গে বাণিজ্য ও কূটনৈতিক সম্পর্ক আরও গভীর করতে চাইবে, যা দেশের অর্থনৈতিক উন্নয়নে ভূমিকা রাখবে।

★ **দলীয় রাজনীতির পুনর্গঠন:**-বর্তমানের দলীয় বিভাজন ও সংঘাতের অবসান ঘটিয়ে নতুন ধরনের দলীয় রাজনীতির উত্থান হতে পারে। তরুণ নেতৃত্ব ও সুশীল সমাজের চাপের কারণে রাজনৈতিক দলগুলো সংস্কার করতে পারে এবং নতুন ধরনের রাজনৈতিক জোট ও মতাদর্শ গড়ে উঠতে পারে।

★ **সমতা ও সাম্যবাদের প্রচেষ্টা:**-আগামীতে সামাজিক ও অর্থনৈতিক বৈষম্য কমানোর জন্য রাজনীতি আরও জনকল্যাণমূলক হতে পারে। দরিদ্র জনগোষ্ঠী এবং প্রান্তিক জনগোষ্ঠীর উন্নয়নে সরকারের নীতিতে নতুন অগ্রাধিকার আসতে পারে, যা দেশের সামগ্রিক উন্নয়নের জন্য প্রয়োজনীয়।

উপসংহার:- এগুলো হলো সম্ভাব্য দিকনির্দেশনা যা বাংলাদেশের আগামীর রাজনীতিতে দেখা যেতে পারে। তবে এটি সম্পূর্ণ নির্ভর করবে রাজনৈতিক নেতৃত্ব, জনগণের অংশগ্রহণ, এবং আন্তর্জাতিক প্রেক্ষাপটের ওপর।

৭.রাজনিতির মাধ্যমে কিভাবে দেশ প্রেমকে জাগ্রত করা যায় বিস্তারিত আলোচনা করুন।

রাজনীতির মাধ্যমে দেশপ্রেমকে জাগ্রত করার জন্য সঠিক নেতৃত্ব, নীতি এবং কার্যকলাপের মাধ্যমে জনগণের মধ্যে জাতীয়তাবোধ ও সমাজের প্রতি দায়িত্ববোধ তৈরি করা যায়। কিছু উপায় যা রাজনীতির মাধ্যমে দেশপ্রেমকে উদ্দীপ্ত করতে সহায়ক হতে পারে:

★ **সততা ও স্বচ্ছতা:-** নেতাদের সৎ ও স্বচ্ছ রাজনীতি চর্চা করতে হবে, যাতে জনগণের আস্থা বৃদ্ধি পায় এবং তারা দেশকে ভালোবাসতে উদ্বুদ্ধ হয়।

★ **দেশপ্রেমমুলক শিক্ষা ও প্রচার:-** শিক্ষাব্যবস্থায় দেশপ্রেম, ইতিহাস এবং সংস্কৃতির গুরুত্বকে তুলে ধরতে হবে। বিভিন্ন মাধ্যম যেমন গণমাধ্যম, সামাজিক মাধ্যমের সাহায্যে দেশপ্রেমমুলক বার্তা প্রচার করা যেতে পারে।

★ **জনসেবার মাধ্যমে সম্পৃক্তকরণ:-** জনকল্যাণমূলক প্রকল্প এবং কার্যক্রমের মাধ্যমে জনগণকে দেশের উন্নয়নে সক্রিয়ভাবে অংশগ্রহণ করতে উৎসাহিত করা যেতে পারে। জনগণ যখন দেশের উন্নয়নের অংশ হয়, তখন তাদের মধ্যে দেশপ্রেম বৃদ্ধি পায়।

★ **জাতীয় ঐক্য ও সংহতির প্রচার:-** বিভিন্ন রাজনৈতিক দল এবং নেতারা জাতীয় সংহতির বার্তা দিয়ে জনগণের মধ্যে বিভাজন না তৈরি করে, ঐক্যের বোধ তৈরি করতে পারেন। এতে সবাই একসঙ্গে কাজ করতে উদ্বুদ্ধ হবে।

★ **সাংস্কৃতিক ও ঐতিহ্যের সংরক্ষণ:-** দেশের সংস্কৃতি ও ঐতিহ্যকে রক্ষা ও প্রচারের মাধ্যমে জনগণের মধ্যে দেশপ্রেমের অনুভূতি বাড়ানো যায়। রাজনীতিবিদরা এই ক্ষেত্রে নেতৃত্ব প্রদান করতে পারেন।

★ **গণতান্ত্রিক চর্চা-** গণতান্ত্রিক চর্চার মাধ্যমে জনগণকে দেশের শাসন ব্যবস্থায় অংশগ্রহণ করতে দেওয়া হলে, তারা নিজেদের দেশের একটি গুরুত্বপূর্ণ অংশ মনে করবে এবং দেশপ্রেম আরও জোরদার হবে।

উপসংহার:-এই উপায়গুলো রাজনীতির মাধ্যমে দেশপ্রেমকে জাগ্রত করতে কার্যকর হতে পারে।

৮. রাজনীতির মাধ্যমে কিভাবে একটি উন্নত জাতি গঠন করা যায় বিস্তারিত আলোচনা করুন।

রাজনীতির মাধ্যমে একটি উন্নত জাতি গঠন করার জন্য সঠিক নীতি নির্ধারণ, নেতৃত্ব, এবং জনগণের সক্রিয় অংশগ্রহণ অত্যন্ত গুরুত্বপূর্ণ। উন্নত জাতি গঠনের প্রক্রিয়ায় রাজনীতি একটি শক্তিশালী মাধ্যম হতে পারে, যদি তা সঠিকভাবে পরিচালিত হয়। নিম্নলিখিত উপায়গুলো রাজনীতির মাধ্যমে একটি উন্নত জাতি গঠনে সহায়ক হতে পারে:

★ **সুশাসন প্রতিষ্ঠা:**-উন্নত জাতির অন্যতম প্রধান ভিত্তি হলো সুশাসন। সুশাসনের মাধ্যমে জনগণের মৌলিক অধিকার রক্ষা, স্বচ্ছতা নিশ্চিত করা, এবং দুর্নীতি দমন সম্ভব হয়। সুশাসন প্রতিষ্ঠা করলে প্রশাসন দক্ষভাবে পরিচালিত হয়, ন্যায়বিচার প্রতিষ্ঠা হয়, এবং সবাই আইনের চোখে সমান হয়। এর ফলে একটি স্থিতিশীল এবং শান্তিপূর্ণ সমাজ গড়ে ওঠে।

★ **শিক্ষার মানোন্নয়ন:**-রাজনীতির মাধ্যমে শিক্ষা ব্যবস্থার উন্নয়ন একটি উন্নত জাতি গঠনের গুরুত্বপূর্ণ দিক। শিক্ষা জাতির মেরুদণ্ড, এবং সঠিক শিক্ষানীতি গ্রহণ করে সরকার জনগণের মেধা ও দক্ষতা বাড়াতে পারে। একটি জাতি তখনই উন্নত হতে পারে, যখন তার নাগরিকেরা সুশিক্ষিত ও দক্ষ হয়ে ওঠে। বিনামূল্যে বা সাশ্রয়ী মূল্যে মানসম্মত শিক্ষা ব্যবস্থা প্রদান জাতির বুদ্ধিবৃত্তিক ও সামাজিক উন্নয়নে গুরুত্বপূর্ণ ভূমিকা রাখে।

★ **সমতাভিত্তিক অর্থনৈতিক উন্নয়ন:**-রাজনীতি যদি এমনভাবে পরিচালিত হয়, যেখানে আর্থিক বৈষম্য কমানো এবং জনগণের আর্থিক ক্ষমতায়ন নিশ্চিত করা যায়, তবে একটি উন্নত জাতি গড়া সম্ভব। অর্থনৈতিক নীতি, যা সবার জন্য সমান সুযোগ সৃষ্টি করে এবং দরিদ্র জনগোষ্ঠীকে সহায়তা করে, তা একটি শক্তিশালী ও স্থিতিশীল অর্থনীতি তৈরি করে। কৃষি, শিল্প, ও প্রযুক্তি খাতে উন্নয়নমূলক নীতি গ্রহণ করে জাতীয় আয় বৃদ্ধি করা যায়।

★ **স্বাস্থ্যসেবার উন্নয়ন:**-স্বাস্থ্যখাতে উন্নতি একটি উন্নত জাতির অন্যতম চিহ্ন। রাজনীতির মাধ্যমে সরকার সবার জন্য মানসম্মত ও সহজলভ্য স্বাস্থ্যসেবা নিশ্চিত করতে পারে। স্বাস্থ্য সচেতনতা বৃদ্ধি, হাসপাতাল ও ক্লিনিকের উন্নতি, এবং বিনামূল্যে স্বাস্থ্যসেবা প্রদান জাতির সামগ্রিক স্বাস্থ্য পরিস্থিতি উন্নত করতে সাহায্য করে, যা দীর্ঘমেয়াদী জাতীয় উন্নয়নের জন্য প্রয়োজনীয়।

★ **আইনের শাসন এবং ন্যায়বিচার নিশ্চিতকরণ:**-রাজনীতির মাধ্যমে একটি দেশ তখনই উন্নত হতে পারে, যখন সেখানে আইনের শাসন এবং ন্যায়বিচার প্রতিষ্ঠিত হয়। অপরাধ দমন, বিচার বিভাগকে স্বাধীন রাখা, এবং আইন প্রয়োগের ক্ষেত্রে স্বচ্ছতা ও ন্যায্যতা নিশ্চিত করা হলে, জনগণের মধ্যে নিরাপত্তা ও আস্থা বৃদ্ধি পায়। এভাবে একটি সুশৃঙ্খল সমাজ গড়ে ওঠে।

★ **রাজনৈতিক স্থিতিশীলতা ও শান্তিপূর্ণ পরিবেশ:**-রাজনৈতিক স্থিতিশীলতা একটি উন্নত জাতির জন্য অপরিহার্য। শান্তিপূর্ণ রাজনৈতিক পরিবেশ নিশ্চিত হলে, দেশ দ্রুত অর্থনৈতিক এবং সামাজিক অগ্রগতি করতে পারে। দীর্ঘস্থায়ী রাজনৈতিক অস্থিরতা দেশের উন্নয়নে বড় বাধা হয়ে দাঁড়ায়, তাই সুস্থ এবং সহনশীল রাজনৈতিক সংস্কৃতি গড়ে তোলা গুরুত্বপূর্ণ।

★ **নারী ও প্রান্তিক জনগোষ্ঠীর ক্ষমতায়ন:**-রাজনীতির মাধ্যমে নারী ও প্রান্তিক জনগোষ্ঠীর ক্ষমতায়ন একটি উন্নত জাতি গঠনের মূল অংশ।নারীর অধিকার রক্ষা, এবং প্রান্তিক জনগোষ্ঠীর জন্য সুযোগ সৃষ্টি করে তাদের দেশের উন্নয়নে কার্যকরভাবে সম্পৃক্ত করা যায়। এটি একটি অন্তর্ভুক্তিমূলক সমাজ তৈরি করতে সহায়ক হয়, যা সকলের জন্য উন্নয়নের সুযোগ সৃষ্টি করে।

★ **পরিবেশ সুরক্ষা ও টেকসই উন্নয়ন:**-রাজনৈতিক নীতির মাধ্যমে পরিবেশ রক্ষা এবং টেকসই উন্নয়নের পরিকল্পনা করলে একটি দেশ দীর্ঘমেয়াদী উন্নয়নের পথে এগিয়ে যেতে পারে। পরিবেশবান্ধব নীতি, যেমন কার্বন নিঃসরণ কমানো, বন সংরক্ষণ, এবং নবায়নযোগ্য শক্তির ব্যবহার বাড়ানো একটি জাতিকে ভবিষ্যতের জন্য প্রস্তুত করে।

★**তরুণ প্রজন্মকে সম্পৃক্তকরণ:**-রাজনীতির মাধ্যমে তরুণ প্রজন্মকে দেশের উন্নয়ন প্রক্রিয়ায় যুক্ত করা হলে, তাদের উদ্ভাবনী শক্তি এবং কর্মক্ষমতা দেশের অগ্রগতিতে সহায়ক হতে পারে। তরুণদের ক্ষমতায়ন এবং তাদের জন্য কর্মসংস্থান সৃষ্টি করা একটি উন্নত জাতি গঠনের জন্য অপরিহার্য।

★**সামাজিক সংহতি ও ঐক্য:**-রাজনীতি এমনভাবে পরিচালিত হলে, যেখানে বিভিন্ন সম্প্রদায়, জাতিগোষ্ঠী, ও ধর্মের মধ্যে ঐক্য ও সংহতি বজায় থাকে, একটি শক্তিশালী জাতি গঠন করা সহজ হয়। বিভাজনমূলক রাজনীতির পরিবর্তে, একতাবদ্ধ জাতীয়তাবাদ ও সম্মিলিত উন্নয়নের নীতিকে সামনে রেখে কাজ করলে সমাজের সব অংশের মানুষ উন্নয়নের অংশ হতে পারে।

উপসংহার:- সুতরাং রাজনীতির সঠিক ব্যবহার, সঠিক নীতি, এবং জনসম্পৃক্ততার মাধ্যমে একটি দেশকে উন্নত জাতিতে রূপান্তর করা সম্ভব। সুষ্ঠু নেতৃত্ব এবং জনগণের সক্রিয় অংশগ্রহণের মাধ্যমে রাজনীতি একটি উন্নত, শান্তিপূর্ণ, এবং সমৃদ্ধ জাতি গঠনে অন্যতম হাতিয়ার হতে পারে।

৯ ম অধ্যায়

৯.রাজনীতি কি ভাবে একটি দেশের সুশীল সমাজ গঠনে ভূমিকা রাখে বিস্তারিত আলোচনা করুন।

রাজনীতি একটি দেশের সুশীল সমাজ গঠনে গুরুত্বপূর্ণ ভূমিকা রাখে। সুশীল সমাজ হলো এমন একটি সমাজ যেখানে জনগণ সক্রিয়ভাবে তাদের অধিকার, মতামত, এবং স্বার্থের প্রতিনিধিত্ব করতে পারে, এবং এটি সাধারণত রাজনীতির মাধ্যমে বাস্তবায়িত হয়। নিচে রাজনীতির মাধ্যমে সুশীল সমাজ গঠনের কয়েকটি প্রধান উপায় তুলে ধরা হলো:

★**গণতান্ত্রিক প্রতিষ্ঠানগুলোর প্রতিষ্ঠা ও শক্তিশালীকরণ:**-রাজনীতির মাধ্যমে গণতান্ত্রিক প্রতিষ্ঠানগুলোর প্রতিষ্ঠা করা হলে সুশীল সমাজের বিকাশ সহজ হয়। স্বাধীন নির্বাচন কমিশন, বিচার বিভাগ, মানবাধিকার কমিশন, এবং গণমাধ্যমের স্বাধীনতা সুশীল সমাজের বিকাশে সহায়ক। এ প্রতিষ্ঠানগুলো জনগণের অধিকার রক্ষা এবং সরকারের জবাবদিহিতা নিশ্চিত করে।

★**অধিকার ও স্বাধীনতা নিশ্চিত করা:**-রাজনীতি সুশীল সমাজের বিকাশে সহায়ক কারণ এর মাধ্যমে জনগণের মৌলিক অধিকার ও স্বাধীনতা রক্ষা করা হয়। মত প্রকাশের স্বাধীনতা, সংগঠন গঠনের অধিকার, এবং সমাবেশের অধিকার নিশ্চিত করলে সুশীল সমাজ সক্রিয় হতে পারে। এ ধরনের স্বাধীনতা সুশীল সমাজকে নীতি-নির্ধারণ এবং সরকারকে জবাবদিহি করতে সহায়তা করে।

★**সুশীল সমাজের সংগঠন ও প্রতিষ্ঠান গঠনে সহায়তা:**-রাজনৈতিক নীতিমালা ও আইনকানুনের মাধ্যমে বিভিন্ন এনজিও, সুশীল সংগঠন, এবং নাগরিক সমাজের প্রতিষ্ঠানগুলোকে কাজ করার সুযোগ দেওয়া হয়। এসব সংগঠন বিভিন্ন সামাজিক সমস্যা যেমন দারিদ্র্য, শিক্ষা, স্বাস্থ্য, মানবাধিকার ইত্যাদি নিয়ে কাজ করে, যা সুশীল সমাজকে শক্তিশালী করে।

★**জনগণের অংশগ্রহণ নিশ্চিতকরণ:**-সুশীল সমাজ গঠনের প্রধান শর্ত হলো জনগণের সক্রিয় অংশগ্রহণ। রাজনীতি জনগণকে নীতি প্রণয়ন, উন্নয়ন প্রকল্প, এবং সামাজিক পরিবর্তনের ক্ষেত্রে অংশগ্রহণের সুযোগ দেয়। স্থানীয় সরকার, শহর উন্নয়ন কমিটি, এবং জনমত জরিপের মাধ্যমে জনগণের মতামত সংগ্রহ করে সরকার নীতিনির্ধারণ করতে পারে, যা সুশীল

সমাজের একটি গুরুত্বপূর্ণ দিক।

★ **শিক্ষা ও সচেতনতা বৃদ্ধির মাধ্যমে ক্ষমতায়ন:**-রাজনীতি শিক্ষানীতির মাধ্যমে জনগণকে সচেতন এবং দক্ষ নাগরিক হিসেবে গড়ে তুলতে পারে। শিক্ষার মাধ্যমে মানুষ তাদের অধিকার, দায়িত্ব, এবং রাষ্ট্র পরিচালনার ব্যাপারে সচেতন হয়। রাজনৈতিক সচেতনতা বৃদ্ধির মাধ্যমে সুশীল সমাজের সদস্যরা রাজনীতির অংশ হয়ে উঠতে পারে এবং দেশ পরিচালনায় ভূমিকা রাখতে পারে।

★ **আইনের শাসন ও ন্যায়বিচার প্রতিষ্ঠা:**-রাজনীতি সুশীল সমাজ গঠনে ভূমিকা রাখে আইনের শাসন এবং ন্যায়বিচার প্রতিষ্ঠার মাধ্যমে। যখন আইনের শাসন সঠিকভাবে প্রতিষ্ঠিত হয় এবং ন্যায়বিচার নিশ্চিত করা হয়, তখন সমাজে শান্তি, নিরাপত্তা, এবং স্থিতিশীলতা বজায় থাকে। এর ফলে জনগণ তাদের অধিকার এবং দায়িত্ব সম্পর্কে সচেতন হয়ে সুশীল সমাজের কার্যক্রমে আরও সক্রিয় হয়।

★ **দুর্নীতি দমন ও স্বচ্ছতা বৃদ্ধি:**-রাজনৈতিক নেতৃত্ব যদি দুর্নীতির বিরুদ্ধে কঠোর অবস্থান নেয় এবং সরকারের স্বচ্ছতা নিশ্চিত করে, তাহলে সুশীল সমাজ শক্তিশালী হয়। স্বচ্ছ ও জবাবদিহিতামূলক প্রশাসন জনগণের আস্থা বাড়ায় এবং নাগরিক সমাজের সদস্যরা উন্নয়ন প্রক্রিয়ায় সক্রিয়ভাবে অংশগ্রহণ করতে উৎসাহিত হয়।

★ **সামাজিক ন্যায়বিচার ও সমতা প্রতিষ্ঠা:**-রাজনীতি সুশীল সমাজ গঠনে সহায়ক কারণ এর মাধ্যমে সমাজে সামাজিক ন্যায়বিচার এবং সমতা প্রতিষ্ঠিত হয়। সরকার যখন প্রান্তিক জনগোষ্ঠী, দরিদ্র, এবং সংখ্যালঘুদের অধিকার রক্ষা করে এবং তাদের জন্য উন্নয়নমূলক পদক্ষেপ নেয়, তখন সুশীল সমাজ আরও সমৃদ্ধ হয়।

★ **সাংবাদিকতা ও মিডিয়ার স্বাধীনতা:**-রাজনীতির মাধ্যমে গণমাধ্যমের স্বাধীনতা নিশ্চিত করা হলে সুশীল সমাজ শক্তিশালী হয়। একটি স্বাধীন এবং কার্যকর মিডিয়া সুশীল সমাজের কণ্ঠস্বর হিসেবে কাজ করে, সমাজের বিভিন্ন সমস্যা এবং সরকারের কর্মকাণ্ড সম্পর্কে জনগণকে সচেতন করে। এভাবে রাজনীতি জনগণ ও সরকারের মধ্যে যোগাযোগের সেতু হিসেবে কাজ করে।

★ **সামাজিক আন্দোলনের সুযোগ সৃষ্টি:**-রাজনীতি একটি নিরাপদ এবং সহনশীল পরিবেশ সৃষ্টি করে, যেখানে জনগণ তাদের অসন্তোষ ও মতামত প্রকাশ করতে পারে। সামাজিক আন্দোলন, মানবাধিকার রক্ষার আন্দোলন, এবং শ্রমিক আন্দোলনগুলো রাজনীতির মাধ্যমে নিয়ন্ত্রিত ও পরিচালিত হলে সুশীল সমাজ আরও শক্তিশালী হয়। এ ধরনের আন্দোলন নীতি পরিবর্তন ও সামাজিক উন্নয়নে ভূমিকা রাখে।

উপসংহার:- সুতরাং, রাজনীতি সুশীল সমাজ গঠনে গুরুত্বপূর্ণ ভূমিকা পালন করে জনগণের অধিকার, স্বাধীনতা, এবং সমতার পরিবেশ তৈরি করে। একটি শক্তিশালী সুশীল সমাজ গঠনের জন্য প্রয়োজন গণতান্ত্রিক চর্চা, সুশাসন, এবং জনসম্পৃক্ততার ভিত্তিতে রাজনীতির কার্যকর প্রয়োগ।

১০.একটি গঠন মূলক রাজনৈতিক দল কিভাবে বিনির্মিত হয় বিস্তারিত আলোচনা করুন।

একটি গঠনমূলক রাজনৈতিক দল গঠন করার জন্য সুসংগঠিত নীতি, আদর্শ, এবং নেতৃত্বের উপর গুরুত্বারোপ করা অত্যন্ত জরুরি। এমন একটি দল প্রতিষ্ঠিত করতে হলে দলকে শুধু ক্ষমতা লাভের জন্য নয়, বরং জনগণের কল্যাণ, জাতীয় উন্নয়ন, এবং গণতন্ত্রের সংরক্ষণে কাজ করতে হবে। নিচে গঠনমূলক রাজনৈতিক দল তৈরির জন্য কিছু গুরুত্বপূর্ণ পদক্ষেপ তুলে ধরা হলো:-

★ দলের আদর্শ ও নীতিমালা নির্ধারণ:-প্রথমত, রাজনৈতিক দলের একটি সুস্পষ্ট আদর্শ ও নীতিমালা থাকা অত্যন্ত জরুরি। আদর্শের ভিত্তিতে দলটি কাজ করবে, যা জনগণের আস্থা অর্জন করতে সাহায্য করবে। আদর্শ এবং নীতিমালা জনগণের প্রয়োজনে সাড়া দেওয়ার উপযোগী হতে হবে, যেমন—গণতন্ত্র, মানবাধিকার, সমতা, এবং সামাজিক ন্যায়বিচার।

★ সক্ষম ও নৈতিক নেতৃত্ব নির্বাচন:-গঠনমূলক রাজনৈতিক দলের জন্য একটি শক্তিশালী, সৎ, এবং নৈতিক নেতৃত্বের প্রয়োজন। নেতাদের মধ্যে দেশপ্রেম, সেবার মানসিকতা, এবং জনকল্যাণের ইচ্ছা থাকতে হবে। দুর্নীতিমুক্ত ও আদর্শনিষ্ঠ নেতৃত্ব দলে বিশ্বাসযোগ্যতা এনে দেয় এবং দলের কর্মী ও জনগণকে অনুপ্রাণিত করে।

★ গণতান্ত্রিক পদ্ধতি অনুসরণ:-দলের অভ্যন্তরীণ প্রক্রিয়া গণতান্ত্রিক হওয়া উচিত। নেতৃত্ব নির্বাচনের ক্ষেত্রে এবং সিদ্ধান্ত গ্রহণে সকল সদস্যের মতামতকে গুরুত্ব দিতে হবে। দলের অভ্যন্তরে অভিজাততন্ত্রের প্রভাব কমিয়ে সবার মতামত নিয়ে সিদ্ধান্ত নিলে দল আরও সুশৃঙ্খল এবং সংগঠিত হবে।

★ সুশৃঙ্খল সংগঠন এবং কাঠামো:-একটি গঠনমূলক রাজনৈতিক দলের শক্তিশালী সংগঠন এবং কাঠামো থাকা প্রয়োজন। দলের অভ্যন্তরীণ শৃঙ্খলা, কর্মীদের মধ্যে সংহতি, এবং সঠিক দায়িত্ববণ্টন দলকে সাফল্যের পথে এগিয়ে নিয়ে যায়। কেন্দ্রীয়, আঞ্চলিক, এবং স্থানীয় পর্যায়ে দলকে সঠিকভাবে সংগঠিত করতে হবে।

★ সদস্য সংগ্রহ ও প্রশিক্ষণ:-দল গঠন করার জন্য সক্রিয় ও আদর্শনিষ্ঠ সদস্য সংগ্রহ করা জরুরি। নতুন সদস্যদের রাজনৈতিক আদর্শ ও নীতি সম্পর্কে সচেতন করে তোলা এবং তাদের নেতৃত্বের গুণাবলি বিকাশে প্রশিক্ষণ দেওয়া উচিত। সদস্যদের মধ্যে আদর্শগত দৃঢ়তা এবং সুশৃঙ্খলতা নিশ্চিত করতে হবে।

জনগণের সমস্যা ও চাহিদা বোঝা:-একটি সফল রাজনৈতিক দলের জন্য জনগণের চাহিদা ও সমস্যা বোঝা এবং সেগুলোর সমাধানে কাজ করা অত্যন্ত জরুরি। দলকে জনগণের কাছে যেতে হবে, তাদের মতামত শুনতে হবে এবং তাদের স্বার্থ রক্ষায় কাজ করতে হবে। জনগণের আস্থা অর্জনের জন্য তাদের জীবনমান উন্নয়নে কার্যকর পদক্ষেপ গ্রহণ করতে হবে।

★ স্বচ্ছতা ও জবাবদিহিতা:-দলকে স্বচ্ছতা এবং জবাবদিহিতার উপর গুরুত্ব দিতে হবে। অর্থনৈতিক ব্যবস্থাপনা, নেতৃত্ব নির্বাচন, এবং রাজনৈতিক কার্যক্রমে স্বচ্ছতা থাকলে জনগণের আস্থা অর্জন করা সহজ হয়। দুর্নীতির বিরুদ্ধে কঠোর অবস্থান নিতে হবে এবং দলীয় নেতৃত্বকে জবাবদিহিতার আওতায় আনতে হবে।

★ সংঘর্ষ বা সহিংসতার পথ পরিহার:-গঠনমূলক রাজনৈতিক দলকে সর্বদা শান্তিপূর্ণ রাজনৈতিক উপায় অবলম্বন করতে হবে। সহিংসতা বা সংঘর্ষের মাধ্যমে নয়, বরং আলোচনার মাধ্যমে সমাধান খোঁজার নীতি গ্রহণ করতে হবে। জনগণের কল্যাণে কাজ করা দল কখনো সহিংসতার আশ্রয় নেয় না, বরং গণতান্ত্রিক পদ্ধতিতে রাজনৈতিক ইস্যুগুলোর সমাধান করতে চায়।

★ আন্তর্জাতিক সম্পর্ক ও কূটনৈতিক নীতি:-আন্তর্জাতিক সম্পর্ক এবং বৈশ্বিক চ্যালেঞ্জগুলো সম্পর্কে সচেতন হতে হবে। রাজনৈতিক দলগুলোর আন্তর্জাতিক মঞ্চে দেশের প্রতিনিধিত্ব করার সক্ষমতা থাকতে হবে এবং কূটনৈতিক সম্পর্ক উন্নয়নে কাজ করতে হবে। একটি গঠনমূলক রাজনৈতিক দল দেশের স্বার্থে বিদেশ নীতি এবং আন্তর্জাতিক সম্পর্ককে গুরুত্ব দেয়।

★ দলীয় ঐক্য ও সংহতি:-দলের মধ্যে একতা ও সংহতি থাকা অত্যন্ত গুরুত্বপূর্ণ। অভ্যন্তরীণ কোন্দল বা দ্বন্দ্ব না রেখে একসঙ্গে কাজ করার মানসিকতা গড়ে তুলতে হবে। দলের সকল সদস্যকে দলের লক্ষ্য অর্জনে একই পথে অগ্রসর হতে হবে, যাতে দলটি সুষ্ঠুভাবে পরিচালিত হয়।

★ দুর্নীতির বিরুদ্ধে কঠোর অবস্থান:-একটি গঠনমূলক রাজনৈতিক দলকে অবশ্যই দুর্নীতির বিরুদ্ধে কঠোর অবস্থান নিতে হবে। দুর্নীতিমুক্ত নেতৃত্ব ও কর্মীদের মাধ্যমে দলটি আদর্শ এবং নৈতিকতায় সমৃদ্ধ হবে। এছাড়া, দুর্নীতিবিরোধী কার্যক্রমের মাধ্যমে জনগণের আস্থা অর্জন করতে হবে।

★ মত প্রকাশের স্বাধীনতা ও গঠনমূলক সমালোচনা গ্রহণ:-দলের অভ্যন্তরে মত প্রকাশের স্বাধীনতা নিশ্চিত করা এবং গঠনমূলক সমালোচনা গ্রহণ করা প্রয়োজন। দলের নেতাদের সবসময় খোলামেলা আলোচনা এবং সমালোচনা গ্রহণ করার মানসিকতা থাকতে হবে, যাতে দলের ভুলক্রটি সঠিকভাবে চিহ্নিত করা যায় এবং সেগুলো সমাধান করা সম্ভব হয়।

সংবাদমাধ্যম ও জনসংযোগের ভূমিকা:-একটি গঠনমূলক রাজনৈতিক দলকে সংবাদমাধ্যম এবং জনসংযোগের প্রতি গুরুত্ব দিতে হবে। গণমাধ্যমের সাথে সুসম্পর্ক বজায় রেখে দলীয় কার্যক্রম ও নীতিমালাকে জনগণের সামনে তুলে ধরতে হবে। এছাড়া,

সামাজিক যোগাযোগমাধ্যমের মাধ্যমে জনমত গঠন এবং জনসংযোগ বাড়াতে হবে।

★ **মানবাধিকার ও ন্যায়বিচার প্রতিষ্ঠা:-**গঠনমূলক রাজনৈতিক দল সবসময় মানবাধিকার এবং ন্যায়বিচারের পক্ষে দাঁড়াবে। দলটি আইন ও সংবিধানের প্রতি শ্রদ্ধাশীল থেকে জনগণের ন্যায্য অধিকার রক্ষায় কাজ করবে। সকলের জন্য সমান সুযোগ এবং ন্যায়বিচার নিশ্চিত করতে হবে।

★ **উন্নয়নমূলক এবং জনকল্যাণমুখী কর্মসূচি:-**রাজনৈতিক দলকে জনকল্যাণমুখী এবং উন্নয়নমূলক কর্মসূচি গ্রহণ করতে হবে। দেশের অর্থনৈতিক, সামাজিক, এবং সাংস্কৃতিক উন্নয়নে ভূমিকা রাখার জন্য দলকে কার্যকরী পরিকল্পনা এবং নীতি গ্রহণ করতে হবে। জনগণের জীবনমান উন্নয়নে কাজ করলে দল গঠনমূলক ভূমিকা পালন করতে সক্ষম হবে।

★ **তরুণদের অন্তর্ভুক্তি ও নেতৃত্ব তৈরির সুযোগ:-**তরুণদের দলীয় কর্মকাণ্ডে অন্তর্ভুক্ত করে তাদের নেতৃত্বের সুযোগ দিতে হবে। তরুণদের উদ্ভাবনী শক্তি এবং সমাজ পরিবর্তনের ইচ্ছা দলকে শক্তিশালী করবে। তরুণ প্রজন্মকে সঠিকভাবে কাজে লাগিয়ে ভবিষ্যতের নেতৃত্ব গড়ে তুলতে হবে।

★ **অভ্যন্তরীণ কাঠামোর শক্তিশালীকরণ:-**দলের অভ্যন্তরীণ কাঠামো শক্তিশালী করতে সাংগঠনিক দক্ষতা এবং সুশাসন নিশ্চিত করতে হবে। দলে দায়িত্ববণ্টন, কর্মীদের মূল্যায়ন, এবং সমন্বয় করে কাজ করার মানসিকতা গড়ে তুলতে হবে।

উপসংহার:- সুতরাং, একটি গঠনমূলক রাজনৈতিক দল তৈরি করার জন্য নেতৃত্ব, আদর্শ, এবং জনগণের প্রতি দায়িত্বশীলতা অত্যন্ত গুরুত্বপূর্ণ। দলকে একটি নৈতিক এবং সুশৃঙ্খল কাঠামোর মধ্যে পরিচালিত করতে হবে, যা জনগণের আস্থা অর্জন করে এবং দেশের সার্বিক উন্নয়নে কার্যকর ভূমিকা রাখতে পারে।

১১ তম অধ্যায়

১১.একটি রাজনৈতিক দল কখন জনগণের আস্থার প্রতীক হিসেবে কাজ করে বিস্তারিত আলোচনা করুন।

একটি রাজনৈতিক দল জনগণের আস্থার প্রতীক হিসেবে কাজ করে তখনই, যখন সেই দল জনগণের চাহিদা ও প্রত্যাশার প্রতিফলন ঘটায় এবং জাতীয় কল্যাণে সঠিকভাবে ভূমিকা পালন করতে সক্ষম হয়। জনগণের আস্থা অর্জন করতে হলে দলকে সৎ, ন্যায়পরায়ণ, এবং স্বচ্ছ হতে হয়। দলটি যখন কার্যকর নেতৃত্ব, জনগণের সেবা, এবং সুশাসনের প্রতিশ্রুতি পূরণ করে, তখনই তা জনগণের আস্থার প্রতীক হয়ে ওঠে। নিম্নে কিছু গুরুত্বপূর্ণ বিষয় তুলে ধরা হলো, যেগুলো একটি রাজনৈতিক দলকে জনগণের আস্থার প্রতীক হিসেবে কাজ করতে সাহায্য করে:

★ **স্বচ্ছতা ও জবাবদিহিতা:-**দলকে তার কর্মকাণ্ডে স্বচ্ছ হতে হবে এবং জনগণের কাছে জবাবদিহি করতে হবে। জনগণের সামনে দলীয় সিদ্ধান্ত ও কার্যক্রম স্পষ্টভাবে উপস্থাপন করলে আস্থা বাড়ে। যদি দল সঠিকভাবে তার কার্যক্রম ও আর্থিক ব্যবস্থাপনা সম্পর্কে জনসমক্ষে প্রতিবেদন দেয়, তাহলে জনগণ তাদের প্রতি আস্থাশীল হয়।

★ **দুর্নীতির বিরুদ্ধে জিরো টলারেন্স নীতি:-**দুর্নীতিমুক্ত রাজনৈতিক দল জনগণের আস্থার প্রতীক হয়ে ওঠে। একটি দল যদি দুর্নীতির বিরুদ্ধে কঠোর অবস্থান নেয় এবং এর নেতারা ও কর্মীরা সৎ ও নীতিবান হন, তাহলে জনগণ সেই দলের প্রতি আস্থা স্থাপন করে। জনগণ এমন দলকে সমর্থন করে, যারা সুশাসন প্রতিষ্ঠা করতে চায়।

★ **জনগণের সেবায় অঙ্গীকারবদ্ধতা:-**জনগণের চাহিদা ও সমস্যা সম্পর্কে সচেতন থাকা এবং সেগুলোর সমাধানে কাজ করার প্রতিশ্রুতি একটি রাজনৈতিক দলকে আস্থার প্রতীক হিসেবে গড়ে তোলে। জনগণের সেবা এবং উন্নয়নমূলক কার্যক্রমের মাধ্যমে

দলটি তাদের আস্থা অর্জন করতে পারে। বিশেষ করে দরিদ্র, প্রান্তিক এবং সংখ্যালঘু জনগোষ্ঠীর কল্যাণে কাজ করলে দল জনপ্রিয়তা পায়।

★ **গণতান্ত্রিক মূল্যবোধের প্রতি সম্মান:-**দলের অভ্যন্তরীণ প্রক্রিয়া এবং নেতৃত্ব নির্বাচন প্রক্রিয়া গণতান্ত্রিক হলে দল জনগণের আস্থা অর্জন করতে সক্ষম হয়। দলের ভেতরে গণতান্ত্রিক পদ্ধতি অনুসরণ করলে নেতারা স্বচ্ছ ও ন্যায়সঙ্গতভাবে নির্বাচিত হন এবং জনমতের প্রতি শ্রদ্ধা দেখানো হয়, যা আস্থা বাড়ায়।

★ **জনমতের প্রতি শ্রদ্ধাশীলতা:-**একটি রাজনৈতিক দল যদি জনমতের প্রতি শ্রদ্ধাশীল হয় এবং জনগণের কণ্ঠস্বরকে গুরুত্ব দেয়, তবে দলটির প্রতি মানুষের আস্থা বাড়ে। দলকে জনগণের সঙ্গে নিয়মিত যোগাযোগ রাখতে হবে এবং তাদের মতামতকে দলের সিদ্ধান্ত গ্রহণ প্রক্রিয়ায় অন্তর্ভুক্ত করতে হবে।

★ **উন্নয়নমূলক কর্মসূচি ও বাস্তবায়ন:-**দল যদি প্রতিশ্রুতি অনুযায়ী উন্নয়নমূলক কর্মসূচি বাস্তবায়ন করতে সক্ষম হয় এবং জনগণের জীবনমান উন্নয়নে ভূমিকা রাখে, তাহলে তা জনগণের আস্থার প্রতীক হয়ে ওঠে। শিক্ষা, স্বাস্থ্য, অবকাঠামো, এবং কর্মসংস্থানের মতো গুরুত্বপূর্ণ ক্ষেত্রগুলোতে দল যদি সফল হয়, তবে জনগণ সেই দলকে সমর্থন করে।

শান্তি ও স্থিতিশীলতার প্রতীক:-একটি রাজনৈতিক দল যদি সহিংসতা, সংঘাত, এবং দলাদলি এড়িয়ে শান্তিপূর্ণ পন্থায় রাজনৈতিক কার্যক্রম পরিচালনা করে, তবে তা জনগণের আস্থার প্রতীক হয়ে ওঠে। দলকে সামাজিক ও রাজনৈতিক স্থিতিশীলতা রক্ষায় কাজ করতে হবে, যাতে জনগণ শান্তি এবং নিরাপত্তা পায়।

★ **ন্যায়বিচার ও মানবাধিকারের প্রতি প্রতিশ্রুতি:-**ন্যায়বিচার এবং মানবাধিকার সুরক্ষায় দল যদি জোর দেয় এবং সংখ্যালঘু ও প্রান্তিক জনগোষ্ঠীর অধিকার রক্ষায় কাজ করে, তবে জনগণ সেই দলের প্রতি আস্থাশীল হয়। সমান সুযোগ এবং অধিকার প্রতিষ্ঠায় দল যদি কাজ করে, তবে তা জনগণের আস্থার প্রতীক হিসেবে দাঁড়ায়।

★ **জনগণের সমস্যার প্রতি সংবেদনশীলতা:-**দলকে জনগণের বাস্তব সমস্যার প্রতি সংবেদনশীল হতে হবে। বেকারত্ব, দারিদ্র্য, মূল্যস্ফীতি, স্বাস্থ্য সমস্যা, বা শিক্ষা সমস্যার মতো গুরুত্বপূর্ণ ইস্যুগুলোর সমাধানে কাজ করলে জনগণ সেই দলকে তাদের প্রতিনিধি হিসেবে মেনে নেয়।

★ **দীর্ঘমেয়াদী পরিকল্পনা ও স্থায়িত্ব:-**দল যদি দেশ ও জনগণের জন্য দীর্ঘমেয়াদী পরিকল্পনা গ্রহণ করে এবং তা বাস্তবায়নের প্রতি অঙ্গীকারবদ্ধ থাকে, তবে দলটি জনগণের আস্থা অর্জন করে। সঠিক পরিকল্পনার মাধ্যমে দেশের অর্থনীতি, সামাজিক সেবা এবং নিরাপত্তা খাতে উন্নতি সাধন করা সম্ভব হলে জনগণ দলের ওপর নির্ভরশীল হয়ে ওঠে।

★ **জনগণের সমস্যার দ্রুত সমাধান:-**দল যদি জনগণের সমস্যার দ্রুত ও কার্যকর সমাধান দিতে সক্ষম হয়, তবে তা আস্থার প্রতীক হয়ে ওঠে। সরকারের দায়িত্বে থাকাকালীন সময়ে দল যদি জনসেবার ক্ষেত্রে ইতিবাচক ফলাফল দেখাতে পারে, তাহলে জনগণ সেই দলের ওপর আরও বেশি আস্থা রাখে।

★ **নেতৃত্বের নৈতিকতা ও সততা:-**দলের নেতাদের ব্যক্তিগত নৈতিকতা এবং সততা জনগণের আস্থার একটি প্রধান শর্ত। যদি দলের নেতারা নৈতিকভাবে সৎ এবং জনগণের সেবায় প্রতিশ্রুতিবদ্ধ হন, তবে জনগণ তাদের প্রতি আস্থাশীল হয় এবং দলের ওপর বিশ্বাস রাখে।

উপসংহার :-সুতরাং, জনগণের আস্থা অর্জন করার জন্য একটি রাজনৈতিক দলকে স্বচ্ছতা, সুশাসন, এবং ন্যায়বিচারের প্রতি প্রতিশ্রুতিবদ্ধ হতে হবে। জনগণের সমস্যার প্রতি সংবেদনশীলতা, সমাধানের দক্ষতা, এবং গণতান্ত্রিক মূল্যবোধের চর্চা একটি রাজনৈতিক দলকে জনগণের আস্থার প্রতীক হিসেবে প্রতিষ্ঠিত করতে পারে।

১২ তম অধ্যায়

১২.একটি রাজনৈতিক দলকে কি ভাবে জনগণের মাঝে বিকশিত করা যায় বিস্তারিত আলোচনা করুন।

একটি রাজনৈতিক দলকে জনগণের মাঝে বিকশিত করতে হলে দলকে জনগণের কাছে গ্রহণযোগ্য, জনপ্রিয় এবং প্রাসঙ্গিক করে তুলতে হবে। এজন্য কৌশলগত প্রচারণা, জনগণের সেবায় অঙ্গীকার, এবং স্বচ্ছ নেতৃত্বের মাধ্যমে দলকে জনগণের আস্থা অর্জন করতে হবে। একটি রাজনৈতিক দলকে বিকশিত করতে কয়েকটি গুরুত্বপূর্ণ ধাপ অনুসরণ করা যেতে পারে:

★জনগণের সমস্যার প্রতি মনোযোগ:-রাজনৈতিক দলকে অবশ্যই জনগণের বাস্তব সমস্যার প্রতি মনোযোগ দিতে হবে এবং সেই সমস্যার কার্যকর সমাধান খুঁজে বের করতে হবে। অর্থনৈতিক সমস্যা, বেকারত্ব, শিক্ষা, স্বাস্থ্য, এবং সামাজিক উন্নয়নমূলক কার্যক্রমে জোর দিয়ে দলকে কার্যকরভাবে কাজ করতে হবে।

★স্বচ্ছ ও জবাবদিহিতামূলক কার্যক্রম:-দলকে স্বচ্ছতা বজায় রেখে কাজ করতে হবে এবং জনগণের কাছে জবাবদিহি করতে হবে। দলের নেতাদের সৎ এবং নৈতিকভাবে সুস্থ থাকতে হবে, যাতে জনগণ দলের ওপর আস্থা রাখতে পারে। দলের আভ্যন্তরীণ সিদ্ধান্তগুলো এবং আর্থিক ব্যবস্থাপনা সম্পর্কে জনগণকে অবহিত করতে হবে।

★প্রতিশ্রুতি পূরণ ও কার্যকর নেতৃত্ব:-জনগণের আস্থা অর্জনের জন্য দলকে তাদের প্রতিশ্রুতি পূরণে সক্ষম হতে হবে। নির্বাচনী প্রতিশ্রুতি ও কর্মসূচি বাস্তবায়ন করে দল জনগণের মধ্যে গ্রহণযোগ্যতা অর্জন করতে পারে। এ জন্য দক্ষ নেতৃত্ব ও কার্যকরী পরিকল্পনা অত্যন্ত গুরুত্বপূর্ণ।

★ জনমত বুঝা ও জনসম্পৃক্ততা বৃদ্ধি:-দলকে জনগণের মতামত বোঝা এবং তাদের মতামত অনুযায়ী নীতি ও কর্মসূচি তৈরি করতে হবে। জনগণের সাথে নিয়মিত যোগাযোগ রেখে তাদের সমস্যার সমাধান দিতে হবে। সরাসরি জনসংযোগের মাধ্যমে দলের জনপ্রিয়তা বৃদ্ধি পায়।

★আদর্শিক এবং নীতিভিত্তিক প্রচারণা:-একটি রাজনৈতিক দলের দৃঢ় আদর্শ এবং নীতিভিত্তিক অবস্থান থাকতে হবে। দলের আদর্শকে জনগণের মধ্যে ছড়িয়ে দিতে ধারাবাহিকভাবে প্রচারণা চালাতে হবে এবং জনগণকে দলের নীতিমালা সম্পর্কে সচেতন করতে হবে।

★সামাজিক ও উন্নয়নমূলক কাজ:-দলকে জনকল্যাণমূলক কাজের মাধ্যমে জনগণের আস্থা অর্জন করতে হবে। বিশেষ করে সমাজের দরিদ্র ও প্রান্তিক জনগোষ্ঠীর জন্য কাজ করা, স্বাস্থ্যসেবা, শিক্ষা, এবং কর্মসংস্থানের উন্নয়নে কাজ করা দলকে জনগণের কাছে জনপ্রিয় করে তোলে।

★ সুশীল সমাজ এবং গণমাধ্যমের সঙ্গে সম্পর্ক রক্ষা:-দলকে সুশীল সমাজ, এনজিও, এবং গণমাধ্যমের সাথে ভালো সম্পর্ক রক্ষা করতে হবে। গণমাধ্যমের মাধ্যমে দলের কার্যক্রম, সাফল্য এবং জনকল্যাণমূলক কাজগুলো প্রচার করে দলের গ্রহণযোগ্যতা বাড়ানো যায়।

সাংগঠনিক দক্ষতা বৃদ্ধি:-দলকে সাংগঠনিকভাবে শক্তিশালী হতে হবে। প্রান্তিক থেকে কেন্দ্র পর্যন্ত সংগঠন শক্তিশালী করে তৃণমূল পর্যায়ে কাজ করতে হবে। কর্মীদের দক্ষতা বাড়ানোর জন্য প্রশিক্ষণ এবং বিভিন্ন কর্মসূচি আয়োজন করতে হবে, যাতে তারা মাঠ পর্যায়ে কাজ করতে দক্ষ হয়ে ওঠে।

★তরুণদের অংশগ্রহণ বাড়ানো:-তরুণ প্রজন্মকে দলের সাথে যুক্ত করা এবং তাদের দায়িত্বশীল ভূমিকা দেওয়া একটি দলকে বিকশিত করতে সহায়ক হয়। তরুণদের মধ্যে দলীয় আদর্শ ছড়িয়ে দিয়ে তাদের রাজনীতিতে উৎসাহিত করা হলে দল শক্তিশালী হয়।

★গণতান্ত্রিক নেতৃত্ব এবং অভ্যন্তরীণ গণতন্ত্র:-দলের অভ্যন্তরে গণতান্ত্রিক পদ্ধতি মেনে চলা এবং নেতৃত্ব নির্বাচনে স্বচ্ছতা ও ন্যায়পরায়ণতা বজায় রাখা দলের অভ্যন্তরীণ শক্তি বাড়ায়। এতে দল আরও সুসংগঠিত হয় এবং জনগণের আস্থা অর্জন করে।

★ সামাজিক যোগাযোগ মাধ্যম ও ডিজিটাল প্রচারণা:-ডিজিটাল যুগে দলের প্রচারণার জন্য সামাজিক যোগাযোগ মাধ্যম একটি গুরুত্বপূর্ণ মাধ্যম। দলকে ফেসবুক, টুইটার, ইউটিউব ইত্যাদি প্ল্যাটফর্মে সক্রিয় থাকতে হবে এবং ডিজিটাল কৌশল ব্যবহার করে তরুণ প্রজন্ম ও শহুরে জনগোষ্ঠীর মধ্যে জনপ্রিয়তা অর্জন করতে হবে।

★ সহিংসতা পরিহার এবং শান্তিপূর্ণ রাজনীতি:-দলকে সবসময় সহিংসতা এবং দাঙ্গা পরিহার করতে হবে। শান্তিপূর্ণ পন্থায় রাজনৈতিক কার্যক্রম চালিয়ে যাওয়া এবং জনমত গঠনের চেষ্টা করতে হবে, যাতে জনগণের মধ্যে দলের প্রতি ইতিবাচক মনোভাব সৃষ্টি হয়।

★দুর্নীতির বিরুদ্ধে দৃঢ় অবস্থান:-দলকে দুর্নীতির বিরুদ্ধে কঠোর অবস্থান নিতে হবে এবং নিজেদের মধ্যে কোনো দুর্নীতি হলে তা দ্রুত সমাধান করতে হবে। দুর্নীতিমুক্ত দল জনগণের আস্থা অর্জনে অনেক বেশি কার্যকর।

★বিপর্যয়ে জনগণের পাশে দাঁড়ানো:-যে কোনো জাতীয় বা সামাজিক বিপর্যয়ের সময় দলকে জনগণের পাশে দাঁড়াতে হবে। প্রাকৃতিক দুর্যোগ, মহামারী, বা অন্য যে কোনো সংকটের সময় দলীয় কর্মীরা জনগণের সহায়ক হিসেবে কাজ করলে দলের জনপ্রিয়তা বাড়ে।

উপসংহার:-সুতরাং, একটি রাজনৈতিক দলকে জনগণের মাঝে বিকশিত করার জন্য জনগণের সেবা, স্বচ্ছতা, সঠিক নেতৃত্ব, এবং সামাজিক উন্নয়নমূলক কাজের ওপর জোর দিতে হবে। জনগণের আস্থা অর্জন করে দলকে তাদের সমস্যার সমাধান দিতে হলে ধারাবাহিকভাবে কৌশলগত প্রচারণা চালাতে হবে এবং আদর্শিক অবস্থান ধরে রাখতে হবে।

১৩ তম অধ্যায়

১৩.একজন রাজনৈতিক নেতার কি কি গুণ থাকা প্রয়োজন বিস্তারিত আলোচনা করুন।

একজন রাজনৈতিক নেতার মধ্যে বেশ কিছু গুরুত্বপূর্ণ গুণ থাকা উচিত, যা তাকে কার্যকর, সম্মানিত, এবং জনকল্যাণমুখী নেতা হিসেবে গড়ে তুলতে সহায়ক হয়। এসব গুণাবলি নেতাকে কেবল রাজনৈতিক সাফল্য অর্জনে সহায়তা করে না, বরং জনগণের আস্থা অর্জন করতেও সাহায্য করে। একজন আদর্শ রাজনৈতিক নেতার মধ্যে নিম্নলিখিত গুণাবলি থাকা জরুরি:

★সততা ও নৈতিকতা:-একজন নেতার সবচেয়ে গুরুত্বপূর্ণ গুণ হল সততা এবং নৈতিকতা। জনগণের সেবায় আত্মনিয়োগ করতে হলে তাকে অবশ্যই সৎ হতে হবে। নিজের স্বার্থের চেয়ে দেশের স্বার্থকে অগ্রাধিকার দিতে হবে এবং নৈতিকভাবে সঠিক সিদ্ধান্ত নিতে হবে।

★দূরদৃষ্টি:-একজন ভালো রাজনৈতিক নেতার দূরদৃষ্টি থাকা উচিত। তাকে শুধু বর্তমানে সমস্যা সমাধান করতে হবে না, বরং ভবিষ্যতের জন্য পরিকল্পনা গ্রহণ করতে হবে। দীর্ঘমেয়াদী উন্নয়ন এবং সাফল্যের লক্ষ্যে কাজ করা এবং আগাম চ্যালেঞ্জগুলোর জন্য প্রস্তুতি গ্রহণ করতে হবে।

★জনগণের সঙ্গে যোগাযোগ:-একজন আদর্শ নেতার জনসাধারণের সাথে ভালো যোগাযোগ থাকা উচিত। তাকে জনগণের সমস্যাগুলো শোনা এবং তা বোঝার ক্ষমতা রাখতে হবে। জনগণের মতামত এবং চাহিদাকে গুরুত্ব দিয়ে, তাদের সাথে সরাসরি যোগাযোগের মাধ্যমে সমাধান খোঁজার চেষ্টা করতে হবে।

★দায়িত্বশীলতা:-একজন নেতার অবশ্যই দায়িত্বশীল হতে হবে। নেতাকে সঠিকভাবে তার দায়িত্ব পালন করতে হবে এবং কাজের জন্য জনগণের কাছে জবাবদিহি করতে হবে। তার সঠিক দায়িত্ববোধ তাকে সিদ্ধান্ত গ্রহণে সহায়তা করবে এবং জনগণের আস্থা অর্জনে গুরুত্বপূর্ণ ভূমিকা রাখবে।

***নিরপেক্ষতা ও সমতা:-**একজন নেতার দল, ধর্ম, বর্ণ, বা জাতি নির্বিশেষে সকলের প্রতি সমান দৃষ্টিভঙ্গি থাকতে হবে। তাকে নিরপেক্ষ থেকে সবাইকে সমান সুযোগ প্রদান করতে হবে এবং সমাজে ন্যায়বিচার প্রতিষ্ঠার জন্য কাজ করতে হবে।

★সমালোচনা গ্রহণ করার ক্ষমতা:-একজন ভালো নেতার সমালোচনা গ্রহণ করার মানসিকতা থাকা উচিত। তার ভুলক্রটি স্বীকার করে তা থেকে শিখতে হবে এবং নিজেকে উন্নত করতে হবে। সমালোচনা থেকে পালানোর পরিবর্তে তা গ্রহণ করে নিজেকে আরও কার্যকরভাবে গড়ে তুলতে হবে।

অন্তর্দৃষ্টি ও সৃজনশীলতা:-নেতাকে সমস্যার গভীরে প্রবেশ করে সঠিক সমাধান বের করার ক্ষমতা থাকতে হবে। সমস্যাগুলোর সমাধান বের করার জন্য সৃজনশীল এবং নতুন কৌশল প্রয়োগ করতে হবে, যাতে সমাজে ইতিবাচক পরিবর্তন আনা যায়।

★সহনশীলতা ও ধৈর্য:-একজন রাজনৈতিক নেতার সহনশীলতা এবং ধৈর্য থাকা অত্যন্ত জরুরি। যেকোনো সংকট বা চাপের মুখে ধৈর্য সহকারে কাজ করে যেতে হবে। সহিষ্ণুতা এবং শৃঙ্খলাবোধ একজন নেতাকে কঠিন পরিস্থিতিতে সঠিক সিদ্ধান্ত নিতে সাহায্য করে।

★দৃঢ় নেতৃত্ব:-একজন নেতাকে সাহসী এবং দৃঢ় হতে হবে। কঠিন সময়ে সাহসিকতা এবং আত্মবিশ্বাসের সাথে কাজ করতে হবে। সিদ্ধান্ত গ্রহণে দৃঢ়তা এবং নিজের আদর্শ থেকে বিচ্যুত না হওয়ার মানসিকতা তাকে একজন সফল নেতা হিসেবে গড়ে তুলবে।

★দলের প্রতি আনুগত্য এবং নেতৃত্বের দক্ষতা:-নেতাকে তার দলের প্রতি আনুগত্যশীল থাকতে হবে এবং দলের সদস্যদের মধ্যে সংহতি গড়ে তুলতে হবে। নেতৃত্বের দক্ষতা থাকা মানে দলকে সঠিকভাবে পরিচালনা করা, সঠিক দায়িত্ব বণ্টন করা এবং সবার সাথে একযোগে কাজ করা।

★মানবিকতা ও সহানুভূতি:-একজন আদর্শ নেতার মধ্যে মানবিকতা থাকতে হবে। তাকে জনগণের কষ্ট ও সমস্যাগুলোর প্রতি সংবেদনশীল হতে হবে এবং তাদের প্রতি সহানুভূতি দেখাতে হবে। সমাজের দরিদ্র ও প্রান্তিক জনগোষ্ঠীর পাশে দাঁড়িয়ে তাদের উন্নয়নের জন্য কাজ করতে হবে।

★বিচার-বুদ্ধি ও সমস্যা সমাধানের দক্ষতা:-নেতার মধ্যে বিচার-বুদ্ধি থাকা অত্যন্ত জরুরি। তাকে পরিস্থিতি বিশ্লেষণ করে সঠিক সিদ্ধান্ত নিতে হবে এবং সমস্যা সমাধানের দক্ষতা দেখাতে হবে। সংকট মোকাবিলায় কার্যকর পরিকল্পনা গ্রহণ এবং দ্রুত সিদ্ধান্ত গ্রহণের ক্ষমতা একজন নেতাকে সাফল্যের পথে নিয়ে যায়।

★আন্তর্জাতিক সম্পর্ক এবং কূটনৈতিক দক্ষতা:-একজন রাজনৈতিক নেতার দেশের বাইরের সম্পর্ক ও আন্তর্জাতিক রাজনীতি সম্পর্কে জ্ঞান থাকা জরুরি। আন্তর্জাতিক কূটনৈতিক সম্পর্ক বজায় রাখা, বৈশ্বিক চ্যালেঞ্জ মোকাবিলা করা এবং দেশের স্বার্থ রক্ষায় কাজ করতে হবে।

★সংঘর্ষের পরিবর্তে সমঝোতার মানসিকতা:-একজন সফল নেতা সহিংসতার পরিবর্তে সংলাপ এবং আলোচনার মাধ্যমে সমাধান খোঁজার চেষ্টা করে। দলাদলি এবং সংঘর্ষ এড়িয়ে শান্তি প্রতিষ্ঠায় কাজ করা একজন আদর্শ নেতার গুণ।

★উন্নয়নমুখী দৃষ্টিভঙ্গি:-একজন নেতাকে সবসময় দেশ ও জাতির সার্বিক উন্নয়নের দিকে নজর রাখতে হবে। শিক্ষা, স্বাস্থ্য, অবকাঠামো, এবং অর্থনৈতিক সমৃদ্ধির মতো গুরুত্বপূর্ণ ক্ষেত্রগুলোতে নেতাকে কর্মসূচি গ্রহণ করতে হবে, যাতে জনগণের জীবনমান উন্নত হয়।

উপসংহার:-সুতরাং, একজন রাজনৈতিক নেতার মধ্যে সততা, বিচক্ষণতা, মানবিকতা, এবং নেতৃত্বের দক্ষতা থাকা উচিত, যাতে তিনি জনগণের আস্থা অর্জন করতে পারেন এবং দেশের উন্নয়নে কার্যকর ভূমিকা রাখতে পারেন।

১৪ তম অধ্যায়

১৪.একটি রাজনৈতিক দলের কর্মীদের কিভাবে প্রশিক্ষিত করা যায় বিস্তারিত আলোচনা করুন।

একটি রাজনৈতিক দলের কর্মীদের দক্ষ ও কার্যকর করতে প্রশিক্ষণ একটি গুরুত্বপূর্ণ উপায়। প্রশিক্ষিত কর্মীরা দলকে সুসংগঠিত রাখতে এবং দলের লক্ষ্য ও উদ্দেশ্য বাস্তবায়নে সহায়ক ভূমিকা পালন করে। তাই কর্মীদের প্রশিক্ষণের মাধ্যমে তাদের রাজনৈতিক দক্ষতা, নেতৃত্বের গুণাবলি, এবং সাংগঠনিক ক্ষমতা বৃদ্ধি করা প্রয়োজন। নিচে রাজনৈতিক দলের কর্মীদের প্রশিক্ষণ পদ্ধতি ও ধাপগুলো বিস্তারিত আলোচনা করা হলো:

★প্রাথমিক রাজনৈতিক জ্ঞান ও আদর্শ শেখানো:-প্রশিক্ষণের প্রথম ধাপ হলো কর্মীদের দলের আদর্শ, লক্ষ্য, এবং নীতির সাথে পরিচয় করানো। তারা দল কী নিয়ে কাজ করে, দলীয় আদর্শ কী, এবং দলের উদ্দেশ্য কী—এই বিষয়গুলো স্পষ্টভাবে বুঝতে হবে। এজন্য আদর্শিক ক্লাস বা সেমিনারের আয়োজন করা যেতে পারে, যেখানে দলের সিনিয়র নেতারা বা বিশেষজ্ঞরা দলের ইতিহাস, আদর্শ, এবং লক্ষ্য সম্পর্কে কর্মীদের জানাবেন।

★নেতৃত্ব ও সাংগঠনিক দক্ষতার প্রশিক্ষণ:-রাজনৈতিক কর্মীদের মধ্যে নেতৃত্বের গুণাবলি এবং সাংগঠনিক দক্ষতা তৈরি করতে প্রশিক্ষণ দিতে হবে। এর মধ্যে দলের মধ্যে নেতৃত্ব গঠনের কৌশল, দায়িত্ব ভাগাভাগি, এবং কর্মীদের অনুপ্রাণিত করার পদ্ধতি শেখানো হবে। বিশেষ করে তৃণমূল পর্যায় থেকে কেন্দ্রীয় পর্যায় পর্যন্ত নেতৃত্বের প্রয়োজনীয় কৌশল সম্পর্কে প্রশিক্ষণ দেওয়া হবে।

★জনসংযোগ এবং যোগাযোগ দক্ষতা বৃদ্ধি:-রাজনৈতিক কর্মীদের জনসংযোগে দক্ষ করে তুলতে হবে, কারণ তারা সরাসরি জনগণের সাথে কাজ করে। এজন্য প্রশিক্ষণের মধ্যে জনসংযোগ কৌশল, প্রচারণা কৌশল, এবং গণমাধ্যম ব্যবহারের পদ্ধতি শেখানো যেতে পারে। এছাড়াও, সাধারণ মানুষের সাথে কীভাবে কথা বলতে হবে, কীভাবে তাদের সমস্যাগুলো বুঝতে হবে, এবং সেই অনুযায়ী কৌশল নির্ধারণ করতে হবে তা শেখানো গুরুত্বপূর্ণ।

★**রাজনৈতিক কৌশল ও প্রচারণা প্রশিক্ষণ:-**রাজনৈতিক কর্মীদের প্রচারণার কৌশল শেখানো অত্যন্ত গুরুত্বপূর্ণ। তারা কীভাবে সুষ্ঠু প্রচারণা চালাবে, রাজনৈতিক সভা-সমাবেশ আয়োজন করবে, মিছিল বা নির্বাচনী প্রচারণা কীভাবে পরিচালনা করবে—এ সব বিষয় নিয়ে প্রশিক্ষণ দিতে হবে।

★**জনমত গঠন ও ভোটারদের সঙ্গে সম্পর্ক উন্নয়ন:-**জনমত গঠন এবং ভোটারদের সমর্থন অর্জন করতে কৌশলগত প্রশিক্ষণ প্রদান করতে হবে। রাজনৈতিক কর্মীরা কীভাবে ভোটারদের সাথে সম্পর্ক তৈরি করবে, তাদের প্রয়োজন এবং চাহিদা কীভাবে বোঝাবে, এবং দলকে তাদের কাছে আরও গ্রহণযোগ্য করে তুলবে—এই বিষয়গুলো প্রশিক্ষণের মাধ্যমে শেখাতে হবে।

★**আন্তর্জাতিক ও জাতীয় রাজনীতি সম্পর্কে শিক্ষা:-**কর্মীদের জাতীয় এবং আন্তর্জাতিক রাজনৈতিক প্রেক্ষাপট সম্পর্কে সচেতন করা জরুরি। প্রশিক্ষণের সময় রাজনৈতিক কর্মীদেরকে দেশ-বিদেশের সমসাময়িক রাজনীতি, বৈশ্বিক চ্যালেঞ্জ এবং দেশের

রাজনৈতিক অবস্থার ওপর আলোকপাত করে প্রশিক্ষণ দেওয়া যেতে পারে। এতে তারা সঠিকভাবে রাজনৈতিক পরিস্থিতি বিশ্লেষণ করতে এবং ভবিষ্যতের জন্য কৌশলগত প্রস্তুতি নিতে পারবে।

★**প্রযুক্তি ও ডিজিটাল দক্ষতার প্রশিক্ষণ:-**প্রযুক্তির যুগে রাজনৈতিক দলকে আরও শক্তিশালী করতে কর্মীদের ডিজিটাল দক্ষতা বাড়াতে হবে। তাদের সামাজিক যোগাযোগ মাধ্যম যেমন ফেসবুক, টুইটার, ইউটিউব, ইত্যাদি কিভাবে ব্যবহার করতে হয়, কিভাবে দলের প্রচারণা ডিজিটাল প্ল্যাটফর্মে ছড়িয়ে দিতে হয়—এই বিষয়ে প্রশিক্ষণ দিতে হবে। এছাড়া, রাজনৈতিক বিশ্লেষণ ও জরিপ পরিচালনা করার জন্য তথ্যপ্রযুক্তির ব্যবহার শেখাতে হবে।

★**বক্তৃতা ও পাবলিক স্পিকিং দক্ষতা বৃদ্ধি:-**কর্মীদের বক্তৃতা দেওয়ার ক্ষমতা এবং জনগণের সামনে কথা বলার দক্ষতা বাড়াতে হবে। বক্তৃতার সময় কীভাবে বক্তব্য দিতে হবে, কীভাবে যুক্তিপূর্ণভাবে কথা বলতে হবে এবং কিভাবে দর্শককে আকৃষ্ট করতে হবে—এই সব বিষয়ে প্রশিক্ষণ দিতে হবে। এর জন্য দলীয় কর্মীদের নিয়ে বক্তৃতা প্রতিযোগিতা, বিতর্ক প্রতিযোগিতা, এবং পাবলিক স্পিকিং কর্মশালা আয়োজন করা যেতে পারে।

★**সমস্যা সমাধানের দক্ষতা শেখানো:-**কর্মীদের সমস্যার গভীরে প্রবেশ করে তা সমাধানের দক্ষতা শেখাতে হবে। সংকটময় পরিস্থিতিতে কীভাবে দ্রুত সিদ্ধান্ত গ্রহণ করতে হবে এবং সমস্যার কার্যকর সমাধান বের করতে হবে তা নিয়ে প্রশিক্ষণ দেওয়া জরুরি। এর জন্য কর্মীদের বিভিন্ন মক সমস্যা বা সংকটময় পরিস্থিতিতে রেখে তাদের সিদ্ধান্ত গ্রহণের ক্ষমতা যাচাই করা যেতে পারে।

★**দলীয় সংহতি ও টিমওয়ার্ক:-**কর্মীদের দলীয় সংহতি এবং সহযোগিতামূলক কাজ করার মানসিকতা গড়ে তুলতে হবে। প্রশিক্ষণের সময় তাদের দলগত কার্যক্রম, একসাথে কাজ করার কৌশল, এবং সহযোগিতা বাড়ানোর কৌশল শেখানো হবে। এর জন্য দলীয় কর্মশালা, গেমস, এবং গ্রুপ ডিসকাশন আয়োজন করা যেতে পারে।

★**দায়িত্বশীলতা ও আত্মনিয়ন্ত্রণ:-**কর্মীদের মধ্যে দায়িত্বশীলতা এবং আত্মনিয়ন্ত্রণ গড়ে তুলতে প্রশিক্ষণ দিতে হবে। তাদের শেখাতে হবে কীভাবে তারা দলীয় সিদ্ধান্তগুলো মেনে চলবে এবং দলীয় আদর্শের বাইরে গিয়ে কোনো অনৈতিক কাজ থেকে বিরত থাকবে। এর জন্য নেতিবাচক পরিস্থিতি এড়ানো এবং চাপের মধ্যে সঠিক সিদ্ধান্ত গ্রহণের দক্ষতা শেখানো হবে।

★**দুর্যোগ মোকাবিলা ও ত্রাণ কার্যক্রম পরিচালনার প্রশিক্ষণ:-**দুর্যোগের সময় কর্মীদের কীভাবে জনগণের পাশে দাঁড়াতে হবে, ত্রাণ কার্যক্রম পরিচালনা করতে হবে, এবং আপদকালীন সমর্থন দিতে হবে তা নিয়ে বিশেষ প্রশিক্ষণ দেওয়া উচিত। এটি কর্মীদের সংকট মোকাবিলার প্রস্তুতি এবং দলের প্রতি জনগণের আস্থা বৃদ্ধিতে সহায়ক হবে।

★**সুশীল সমাজ ও মানবাধিকার বিষয়ে সচেতনতা:-**কর্মীদের সুশীল সমাজের বিভিন্ন উপাদান এবং মানবাধিকার সম্পর্কে সচেতন করা উচিত। যাতে তারা মানুষের মৌলিক অধিকার রক্ষা এবং মানবিক চাহিদা পূরণের লক্ষ্যে কাজ করতে পারে।

★**প্রত্যেক স্তরে প্রশিক্ষণ কেন্দ্র স্থাপন:-**দলকে তৃণমূল থেকে কেন্দ্রীয় স্তর পর্যন্ত কর্মীদের প্রশিক্ষণের জন্য নির্দিষ্ট কেন্দ্র বা ইনস্টিটিউট স্থাপন করতে হবে। যেখানে দলীয় আদর্শ, নীতি, এবং নেতৃত্বের গুণাবলি শেখানোর ব্যবস্থা থাকবে।

★**ফিল্ডওয়ার্ক এবং বাস্তব অভিজ্ঞতা:-**প্রশিক্ষণের অংশ হিসেবে রাজনৈতিক কর্মীদের ফিল্ডওয়ার্ক বা মাঠ পর্যায়ে কাজ করার সুযোগ দিতে হবে। মাঠ পর্যায়ে বাস্তব অভিজ্ঞতা তাদের রাজনৈতিক কার্যক্রমের ক্ষেত্রে আরও দক্ষ করে তুলবে এবং জনগণের সাথে সরাসরি কাজ করার অভিজ্ঞতা দেবে।

★**মেন্টরশিপ ও নিয়মিত মূল্যায়ন:-**প্রশিক্ষিত কর্মীদের মেন্টরশিপের ব্যবস্থা রাখা উচিত। দলের অভিজ্ঞ নেতারা নতুন কর্মীদের নেতৃত্ব দিতে এবং তাদের শেখাতে সহায়ক ভূমিকা পালন করবে। পাশাপাশি, নিয়মিত মূল্যায়নের মাধ্যমে কর্মীদের দক্ষতা এবং

কর্মক্ষমতা পর্যবেক্ষণ করতে হবে।

★ **কর্মশালা ও সেমিনার:-**বিভিন্ন সময়ে কর্মশালা, সেমিনার, এবং ওয়ার্কশপ আয়োজন করা উচিত, যেখানে বিশেষজ্ঞদের নিয়ে এসে কর্মীদের নতুন ধারণা এবং রাজনৈতিক চ্যালেঞ্জ মোকাবিলার কৌশল শেখানো হবে।

উপসংহার:- সুতরাং, রাজনৈতিক কর্মীদের প্রশিক্ষণের মাধ্যমে নেতৃত্ব গুণ, সাংগঠনিক দক্ষতা, জনসংযোগ, এবং প্রযুক্তি ব্যবহারের জ্ঞান বাড়িয়ে দলকে শক্তিশালী করে গড়ে তোলা সম্ভব।

১৫ তম অধ্যায়

১৫.একজন রাজনৈতিক কর্মীর কি কি গুণ থাকা প্রয়োজন বিস্তারিত আলোচনা করুন।

একজন রাজনৈতিক কর্মীকে তার দল ও জনগণের সেবা করতে দক্ষ, সৎ, এবং নিষ্ঠাবান হতে হয়। রাজনৈতিক কর্মীরা দলের মূল চালিকাশক্তি হিসেবে কাজ করে, তাই তাদের মধ্যে বিশেষ কিছু গুণ থাকা প্রয়োজন। এই গুণাবলি একজন কর্মীকে সফল হতে সাহায্য করে এবং দলের কার্যক্রমে গুরুত্বপূর্ণ ভূমিকা রাখতে সহায়ক হয়।একজন রাজনৈতিক কর্মীর মধ্যে যে গুণগুলো থাকা উচিত তা হলো:

★ **সততা ও নৈতিকতা:-**সততা হলো রাজনৈতিক কর্মীর অন্যতম প্রধান গুণ। তাকে সৎ ও ন্যায়পরায়ণ হতে হবে। দলের কার্যক্রমে সৎ থেকে এবং ব্যক্তিগতভাবে কোনো লোভ বা অসদুপায়ে না জড়িয়ে নিজের কাজ করতে হবে।

★ **নিষ্ঠা ও অঙ্গীকারবদ্ধতা:-**একজন কর্মীর দলের প্রতি পূর্ণ নিষ্ঠা ও অঙ্গীকার থাকতে হবে। দলের লক্ষ্য ও আদর্শ বাস্তবায়নের জন্য কর্মীকে তার কাজের প্রতি সর্বোচ্চ নিষ্ঠাবান থাকতে হবে এবং দায়িত্ব যথাযথভাবে পালন করতে হবে।

★ **কঠোর পরিশ্রম ও ধৈর্য:-**রাজনৈতিক কর্মী হিসেবে কাজ করতে হলে কঠোর পরিশ্রম করার মানসিকতা থাকতে হবে। সফলতা অর্জন করতে হলে ধৈর্য ধরে নিরলসভাবে কাজ করতে হবে। দলীয় কার্যক্রম, প্রচার, এবং জনসংযোগে অনেক সময় ও পরিশ্রম লাগে, এবং সেগুলো ধৈর্য সহকারে করতে হয়।

★ **জনসংযোগ ও যোগাযোগ দক্ষতা:-**রাজনৈতিক কর্মীর অন্যতম বড় গুণ হলো জনগণের সাথে যোগাযোগ রক্ষা করা। তাকে জনগণের মাঝে থাকতে হবে, তাদের সমস্যা বুঝতে হবে, এবং তাদের সমর্থন অর্জনের জন্য কার্যকর যোগাযোগ কৌশল ব্যবহার করতে হবে।

★ **নেতৃত্ব ও দলীয় সংহতি বজায় রাখা:-**যদিও একজন কর্মী সরাসরি নেতৃত্বের আসনে নাও থাকতে পারে, তবুও তাকে নেতৃত্বের গুণাবলি থাকা দরকার। সে যেন দলের মধ্যে ঐক্য বজায় রাখতে পারে এবং সহকর্মীদের অনুপ্রাণিত করতে সক্ষম হয়।

★ **সমস্যা সমাধানের দক্ষতা:-**একজন রাজনৈতিক কর্মীকে সমস্যা সমাধানের দক্ষতা থাকতে হবে। তাকে সমস্যাগুলোর গভীরে গিয়ে সঠিক সমাধান বের করতে হবে এবং সেই সমাধান জনগণের জন্য গ্রহণযোগ্য হতে হবে।

★ **সংগঠন ও পরিকল্পনা ক্ষমতা:-**একজন রাজনৈতিক কর্মীর সংগঠন ও পরিকল্পনা করার দক্ষতা থাকতে হবে। দলীয় কার্যক্রম, সমাবেশ, মিছিল, বা প্রচারণা ইত্যাদি আয়োজন করতে সঠিক পরিকল্পনা এবং কার্যকর ব্যবস্থাপনা অত্যন্ত গুরুত্বপূর্ণ।

★ **সাহসিকতা ও আত্মবিশ্বাস:-**কঠিন পরিস্থিতিতে, যেমন বিক্ষোভ, সংকট, বা রাজনৈতিক চাপের সময়, কর্মীর সাহসিকতা এবং আত্মবিশ্বাস থাকা জরুরি। তাকে সৎ সাহসের সাথে তার আদর্শ ধরে রাখতে হবে এবং যেকোনো প্রতিকূলতার মোকাবিলা করতে হবে।

★ **সহনশীলতা ও সহিষ্ণুতা:-**রাজনীতিতে মতবিরোধ বা সমালোচনা থাকা স্বাভাবিক। একজন কর্মীর সহনশীলতা থাকতে হবে যাতে সে মতবিরোধকে সহ্য করে এবং দলীয় সংহতি বজায় রাখতে পারে। সমালোচনা গ্রহণের মানসিকতা তাকে আরও পরিণত করে তুলবে।

★ **দায়িত্বশীলতা:-**কর্মীর উচিত তার দায়িত্ব সঠিকভাবে পালন করা এবং যে কোনো কাজে দায়িত্বশীল ভূমিকা পালন করা। দল

বা জনগণের প্রতি তার যে দায়িত্ব রয়েছে তা যথাযথভাবে পালন করলে সে দলের কাছে এবং জনগণের কাছে গ্রহণযোগ্য হয়ে ওঠে।

★আদর্শবাদ ও নীতিবোধ:-একজন কর্মীর নিজের দলের আদর্শ এবং নীতিবোধের প্রতি অঙ্গীকার থাকতে হবে। তাকে দলের আদর্শ মেনে চলতে হবে এবং সেই আদর্শকে প্রচার করতে হবে। নীতির সাথে আপোষ না করা একজন কর্মীকে মূল্যবান করে তোলে।

★আন্তরিকতা ও সহযোগিতা:-কর্মীর মধ্যে আন্তরিকতা থাকা দরকার যাতে সে দলের অন্যান্য কর্মীদের সহযোগিতা করতে পারে এবং মিলেমিশে কাজ করতে পারে। দলীয় সংহতির জন্য আন্তরিকভাবে সহযোগিতা করার মানসিকতা জরুরি।

★আন্তর্জাতিক ও জাতীয় জ্ঞান:-রাজনৈতিক কর্মীকে শুধু দলীয় রাজনীতি নয়, জাতীয় ও আন্তর্জাতিক রাজনীতি সম্পর্কে সচেতন হতে হবে। তাকে দেশের সার্বিক অবস্থা এবং আন্তর্জাতিক ক্ষেত্রে দেশের অবস্থান সম্পর্কে জানতে হবে।

★সমাজসেবার মানসিকতা:-রাজনৈতিক কর্মীর মধ্যে সমাজসেবার মানসিকতা থাকতে হবে। তাকে জনগণের সমস্যার সমাধান করতে উদ্যোগী হতে হবে এবং দরিদ্র, সুবিধাবঞ্চিত, এবং প্রান্তিক জনগোষ্ঠীর উন্নয়নের জন্য কাজ করতে হবে।

★সংঘর্ষ এড়ানো ও সমঝোতা:-কর্মীকে দাঙ্গা, হানাহানি, এবং দলাদলি এড়িয়ে চলতে হবে। সহিংসতা নয়, বরং সংলাপের মাধ্যমে সমাধান খোঁজার মানসিকতা থাকা প্রয়োজন। দলের মধ্যে এবং দলের বাইরে শান্তি প্রতিষ্ঠায় কাজ করা উচিত।

★প্রচারণা ও রাজনৈতিক কৌশল বোঝা:-কর্মীর রাজনৈতিক কৌশল এবং প্রচারণার দক্ষতা থাকা প্রয়োজন। তাকে জনমত গঠন, ভোটারদের সমর্থন অর্জন, এবং প্রচারণার মাধ্যমে দলের প্রচার কাজ চালাতে দক্ষ হতে হবে।

উপসংহার:-সুতরাং, একজন রাজনৈতিক কর্মীর সততা, নিষ্ঠা, যোগাযোগ দক্ষতা, এবং দায়িত্বশীলতা থাকা আবশ্যক। দলের আদর্শে বিশ্বাসী থেকে, কঠোর পরিশ্রম এবং জনগণের সেবা করার মানসিকতা নিয়ে কাজ করলে সে সফল রাজনৈতিক কর্মী হিসেবে নিজেকে গড়ে তুলতে পারে।

১৬তম অধ্যায়

আগামীর রাজনীতিতে রাজনৈতিক নেতাকর্মীদের রাষ্ট্রের অর্গান এবং ম্যাকানিজম সম্পর্কে জানা কতটুকু গুরুত্বপূর্ণ বিস্তারিত।

আগামীর রাজনীতিতে রাজনৈতিক নেতাকর্মীদের রাষ্ট্রের অর্গান এবং মেকানিজম সম্পর্কে জ্ঞান থাকা অত্যন্ত গুরুত্বপূর্ণ, কারণ এই জ্ঞান তাদেরকে কার্যকর নেতৃত্ব প্রদানে সক্ষম করে তোলে এবং রাষ্ট্র পরিচালনার বিভিন্ন প্রক্রিয়া বুঝতে সহায়তা করে। একজন রাজনৈতিক নেতার বা কর্মীর দায়িত্ব শুধু আন্দোলন কিংবা জনগণের দাবী তোলা নয়, বরং রাষ্ট্রের মূল কাঠামো ও শাসনব্যবস্থা পরিচালনায় গুরুত্বপূর্ণ ভূমিকা রাখা। নিচে এই বিষয়ের বিস্তারিত আলোচনা করা হলো:

★রাষ্ট্রের অর্গানগুলোর কার্যপ্রণালী বুঝতে সক্ষমতা:-প্রত্যেকটি আধুনিক রাষ্ট্র সাধারণত তিনটি প্রধান অঙ্গ বা অর্গানে বিভক্ত থাকে:-

★বিচার বিভাগ (Judiciary):- দেশের আইন ও বিচার ব্যবস্থার কার্যক্রম পরিচালনা করা হয় বিচার বিভাগ দ্বারা। একজন নেতাকর্মীর বিচার বিভাগের স্বাধীনতা, আইনের শাসন, মানবাধিকার সংরক্ষণ এবং সংবিধানিক কাঠামো সম্পর্কে অবগত থাকা প্রয়োজন, যাতে তারা বিচার বিভাগের সঠিক কাজকর্মের দিকে নজর রাখতে পারে এবং বিচারবহির্ভূত কোনো কর্মকাণ্ডকে প্রতিহত করতে পারে।

★আইনসভার (Legislature) ভূমিকা:- আইনের সৃষ্টিতে আইনসভা একটি গুরুত্বপূর্ণ ভূমিকা পালন করে। রাজনৈতিক নেতাকর্মীদের সংসদীয় কার্যক্রম, আইন প্রণয়নের প্রক্রিয়া, বাজেটের পাস করা এবং দেশের উন্নয়ন পরিকল্পনা বাস্তবায়ন সম্পর্কে সচেতন হওয়া প্রয়োজন। আইন প্রণয়ন এবং এর কার্যকারিতা সম্পর্কে ধারণা না থাকলে সঠিকভাবে জনস্বার্থে আইন তৈরি করা সম্ভব হবে না।

প্রশাসন বা নির্বাহী বিভাগ (Executive):-দেশের প্রশাসনিক কর্মকাও পরিচালনা করে নির্বাহী বিভাগ। এখানে রাষ্ট্রপতি বা প্রধানমন্ত্রীর দায়িত্ব পালন, প্রশাসনিক নীতি বাস্তবায়ন এবং সরকারি প্রতিষ্ঠানগুলোর তদারকি করা হয়। একজন রাজনৈতিক কর্মীর রাষ্ট্রের নির্বাহী কার্যক্রম সম্পর্কে জ্ঞান থাকা উচিত, যাতে তারা প্রশাসনিক কার্যকারিতা এবং দুর্নীতির বিরুদ্ধে সচেতন থাকেন।

★রাষ্ট্রের ম্যাকানিজম বা প্রাতিষ্ঠানিক কাঠামো:-রাজনৈতিক নেতাকর্মীদের রাষ্ট্রের ম্যাকানিজম, বা প্রাতিষ্ঠানিক কাঠামোর বিষয়ে সুস্পষ্ট ধারণা থাকা প্রয়োজন। বিভিন্ন গুরুত্বপূর্ণ প্রতিষ্ঠান যেমন:-

★নির্বাচন কমিশন:-রাষ্ট্রের গণতান্ত্রিক ব্যবস্থা পরিচালনায় এই সংস্থার ভূমিকা অত্যন্ত গুরুত্বপূর্ণ। নির্বাচন পরিচালনা, ভোটের স্বচ্ছতা এবং রাজনৈতিক প্রক্রিয়ায় জনগণের অংশগ্রহণ নিশ্চিত করার জন্য এই সংস্থার কার্যপ্রণালী বুঝতে হবে।

★মাধ্যমিক ও উচ্চ শিক্ষা বোর্ড:- শিক্ষা নীতি তৈরি এবং বাস্তবায়ন করা হয় এই প্রাতিষ্ঠানিক কাঠামোর মাধ্যমে। রাজনৈতিক নেতাকর্মীদের শিক্ষার উন্নয়ন, নীতি সংস্কার এবং শিক্ষার মান উন্নয়নের লক্ষ্যে কার্যকর প্রস্তাব দিতে হলে এই ম্যাকানিজম সম্পর্কে অবগত থাকা প্রয়োজন।

★স্বাস্থ্য সেবা বিভাগ:- রাষ্ট্রের স্বাস্থ্যনীতি এবং স্বাস্থ্যসেবা সংক্রান্ত কার্যক্রম পরিচালনা হয় এই বিভাগের মাধ্যমে। জনগণের স্বাস্থ্যসেবা নিশ্চিত করতে হলে নেতাকর্মীদের স্বাস্থ্য ব্যবস্থার কাঠামো সম্পর্কে জানা অপরিহার্য।

★রাষ্ট্রের অর্থনৈতিক মেকানিজমের বোঝাপড়া:-রাজনৈতিক নেতাকর্মীদের জন্য রাষ্ট্রের অর্থনৈতিক কার্যক্রম ও ব্যবস্থাপনা বুঝতে পারা খুবই গুরুত্বপূর্ণ। অর্থনৈতিক মেকানিজমের অন্তর্ভুক্ত:-

★মুদ্রানীতি এবং রাজস্ব নীতি:- কেন্দ্রীয় ব্যাংকের কার্যপ্রণালী, মুদ্রানীতি এবং রাজস্ব নীতির কার্যক্রম সম্পর্কে নেতাকর্মীদের জ্ঞান থাকা প্রয়োজন। দেশের উন্নয়নে কর ব্যবস্থা এবং বাজেট কিভাবে প্রভাব ফেলে তা বুঝতে পারা অত্যন্ত গুরুত্বপূর্ণ।

★বিনিয়োগ ও শিল্প উন্নয়ন:- রাজনৈতিক নেতাদের বিনিয়োগ সংক্রান্ত নীতিমালা এবং শিল্প খাতের উন্নয়নে সরকারের ভূমিকা সম্পর্কে সঠিক ধারণা থাকা উচিত, যাতে তারা দেশের অর্থনৈতিক উন্নয়নে পরিকল্পনা গ্রহণ করতে পারেন।

জনস্বার্থের বাজেট বরাদ্দ এবং পরিকল্পনা: বাজেট বরাদ্দ এবং অর্থনৈতিক উন্নয়ন পরিকল্পনা তৈরি করতে গেলে রাষ্ট্রের ম্যাকানিজম, এবং অর্থনৈতিক পরিচালনা বোঝা জরুরি।

★সংবিধান এবং আইনের শাসন:-একজন রাজনৈতিক নেতাকর্মীকে সংবিধান এবং আইনের শাসনের বিষয়ে যথেষ্ট দক্ষতা থাকতে হবে। সংবিধান রাষ্ট্রের মৌলিক কাঠামো এবং মানুষের মৌলিক অধিকার সংরক্ষণ করে। রাষ্ট্র পরিচালনার বিভিন্ন নীতি সংবিধানে বর্ণিত আছে। সুতরাং, সংবিধান এবং আইনের কার্যকারিতা সম্পর্কে অবগত না থাকলে, তারা জনগণের অধিকার রক্ষার সঠিক পদক্ষেপ নিতে সক্ষম হবে না।

কূটনীতি এবং আন্তর্জাতিক সম্পর্ক:-রাষ্ট্রের কূটনৈতিক কার্যক্রম এবং আন্তর্জাতিক সম্পর্কের মেকানিজম সম্পর্কে রাজনৈতিক নেতাকর্মীদের জ্ঞান থাকা খুবই জরুরি, কারণ আন্তর্জাতিক বাণিজ্য, বিনিয়োগ এবং কূটনৈতিক চুক্তি: এ সম্পর্কিত জ্ঞান রাজনৈতিক নেতৃত্বকে আন্তর্জাতিক মঞ্চে দেশের প্রতিনিধিত্ব করতে এবং বৈদেশিক সম্পর্ক উন্নয়নে সাহায্য করে। আন্তর্জাতিক সংগঠনগুলোর সঙ্গে কাজ করা: জাতিসংঘ, বিশ্বব্যাংক, আইএমএফ-এর মতো সংস্থাগুলোর কার্যক্রম সম্পর্কে সম্যক ধারণা থাকা প্রয়োজন, যাতে আন্তর্জাতিক আর্থিক সহযোগিতা নিশ্চিত করা যায়।

উপসংহার:-রাজনৈতিক নেতাকর্মীদের রাষ্ট্রের অর্গান এবং মেকানিজম সম্পর্কে জ্ঞান থাকা অতি গুরুত্বপূর্ণ, কারণ এটি তাদের নেতৃত্ব ও নীতিনির্ধারণী সিদ্ধান্ত গ্রহণের সক্ষমতা বাড়ায়। রাষ্ট্রের কার্যপ্রণালী সম্পর্কে জানা না থাকলে তারা সঠিকভাবে জনস্বার্থে কাজ করতে, নীতিমালা প্রণয়ন করতে এবং জনগণের চাহিদা পূরণে সফল হতে পারবেন না।

১৭.আগামীর রাজনীতিতে কেমন বাংলাদেশ দেখতে চায় বাংলাদেশের আপামর জনতা বিস্তারিত আলোচনা করুন।

বাংলাদেশের আপামর জনতা আগামীর রাজনীতিতে এমন একটি দেশ দেখতে চায় যেখানে রয়েছে উন্নয়ন, সুশাসন, এবং সামাজিক ন্যায়বিচার। এখানে কিছু মূল দিক তুলে ধরা হলো, যেগুলো সাধারণ মানুষ ভবিষ্যতের বাংলাদেশে প্রত্যাশা করে:

★**সুশাসন এবং স্বচ্ছতা:-** জনগণ চায় এমন একটি বাংলাদেশ, যেখানে সরকার কার্যকর এবং স্বচ্ছভাবে পরিচালিত হবে। দুর্নীতির বিরুদ্ধে কঠোর পদক্ষেপ, সরকারি কার্যক্রমের স্বচ্ছতা এবং জবাবদিহিতা নিশ্চিত করা হবে।

★**অর্থনৈতিক উন্নয়ন ও সমতা:-** সাধারণ মানুষ একটি শক্তিশালী অর্থনীতি চায়, যেখানে কর্মসংস্থান বৃদ্ধি পাবে, আয় বৃদ্ধি হবে এবং সকল শ্রেণীর মানুষের জন্য আর্থিক সুযোগ নিশ্চিত করা হবে। পাশাপাশি, ধনী-দরিদ্রের ব্যবধান কমিয়ে একটি ন্যায়সঙ্গত অর্থনৈতিক ব্যবস্থা গড়ে তোলার প্রত্যাশা রয়েছে।

★**মানুষের মৌলিক অধিকার:-**জনগণ এমন একটি রাষ্ট্র চায় যেখানে মৌলিক মানবাধিকার এবং স্বাধীনতা সুরক্ষিত থাকবে। বাক স্বাধীনতা, গণমাধ্যমের স্বাধীনতা এবং আইনের শাসন নিশ্চিত হবে।

★**শিক্ষা ও স্বাস্থ্য সেবা:-** বাংলাদেশিরা চায় একটি উন্নত শিক্ষা এবং স্বাস্থ্য ব্যবস্থা, যেখানে শিক্ষার মান উন্নত হবে এবং সকলের জন্য মানসম্মত স্বাস্থ্যসেবা নিশ্চিত করা হবে।

★**পরিবেশ সংরক্ষণ:-**জলবায়ু পরিবর্তনের ঝুঁকি মোকাবিলায় আরও কার্যকর পদক্ষেপ নেওয়া এবং পরিবেশবান্ধব উন্নয়ন মডেলের অনুসরণ একটি বড় প্রত্যাশা।

★**সামাজিক ন্যায়বিচার ও সাম্য:-**ভবিষ্যতের বাংলাদেশে জাতি, ধর্ম, লিঙ্গ বা অঞ্চলভেদে বৈষম্য থাকবে না। প্রত্যেকের জন্য সমান অধিকার ও সুযোগ থাকবে এবং সামাজিক ন্যায়বিচার প্রতিষ্ঠা হবে।

★**শান্তি ও স্থিতিশীলতা:-**জনগণ এমন একটি রাজনীতি চায় যা শান্তিপূর্ণ এবং স্থিতিশীল। রাজনৈতিক সহিংসতা, হিংস্রতা বা

সংঘাত থেকে মুক্ত থাকবে এবং রাজনৈতিক পরিবেশ হবে সহিষ্ণু ও গণতান্ত্রিক।

★ প্রযুক্তি ও উদ্ভাবন:- উন্নত প্রযুক্তি, ডিজিটাল সেবা এবং উদ্ভাবনমুখী একটি বাংলাদেশও জনগণের অন্যতম আকাঙ্ক্ষা, যেখানে ডিজিটাল প্রযুক্তির মাধ্যমে জীবনমান উন্নত হবে।

উপসংহার :-সংক্ষেপে,বাংলাদেশের আপামর জনতা একটি সুশাসিত, গণতান্ত্রিক, উন্নত ও সমতাভিত্তিক বাংলাদেশ দেখতে চায়, যেখানে তারা নিরাপদ, স্বচ্ছ ও সমৃদ্ধ জীবনযাপন করতে পারবে।

১৮ তম অধ্যায়

১৮.বাংলাদেশের আগামীর রাজনীতির লক্ষ্য ও উদ্দেশ্য কি হওয়া উচিত বিস্তারিত আলোচনা করুন।

বাংলাদেশের আগামীর রাজনীতির লক্ষ্য ও উদ্দেশ্য কী হওয়া উচিত, তা নির্ভর করছে দেশের সার্বিক রাজনৈতিক, সামাজিক, অর্থনৈতিক এবং সাংস্কৃতিক প্রেক্ষাপটের ওপর। তবে কিছু মূল লক্ষ্য ও উদ্দেশ্য হতে পারে যা দেশের ভবিষ্যৎ উন্নয়নে সহায়ক হতে পারে:

★ গণতন্ত্রের স্থায়িত্ব ও শক্তিশালীকরণ:-বাংলাদেশের রাজনৈতিক প্রক্রিয়া ও সরকারী প্রতিষ্ঠানগুলোকে আরও গণতান্ত্রিকভাবে কাজ করার দিকে মনোনিবেশ করতে হবে। স্বাধীন ও কার্যকর নির্বাচন কমিশন, সুষ্ঠু ও নিরপেক্ষ নির্বাচন এবং স্বচ্ছ প্রশাসনিক ব্যবস্থা নিশ্চিত করতে হবে। রাজনৈতিক দলগুলোর মধ্যে মতপার্থক্য থাকলেও তা গঠনমূলক আলোচনার মাধ্যমে সমাধানের চেষ্টা করতে হবে।

★ আইন শৃঙ্খলা এবং সুশাসন প্রতিষ্ঠা:-দেশের আইন-শৃঙ্খলা রক্ষা, দুর্নীতি দমন, এবং বিচার বিভাগের স্বাধীনতা নিশ্চিত করা জরুরি। সুশাসনের মাধ্যমে সাধারণ মানুষের আস্থা অর্জন এবং আইনের শাসন প্রতিষ্ঠার প্রয়োজন। দুর্নীতি কমিয়ে আনা এবং প্রশাসনিক দক্ষতা বাড়ানোর ওপর গুরুত্ব দিতে হবে।

★ অর্থনৈতিক উন্নয়ন এবং দারিদ্র্য বিমোচন:-অর্থনৈতিক বৈষম্য কমাতে এবং সমবণ্টনের ব্যবস্থা গ্রহণ করতে হবে। কর্মসংস্থান বৃদ্ধি, শিল্পায়ন এবং ব্যবসার পরিবেশ উন্নত করতে হবে। টেকসই উন্নয়ন লক্ষ্যমাত্রা (SDG) পূরণের মাধ্যমে দারিদ্র্য বিমোচন, শিক্ষা ও স্বাস্থ্য খাতের উন্নতি এবং পরিবেশের সুরক্ষায় বিশেষ গুরুত্ব দিতে হবে।

★ শিক্ষা ও মানবসম্পদ উন্নয়ন:-দেশের শিক্ষাব্যবস্থায় পরিবর্তন আনা অত্যন্ত জরুরি। কর্মমুখী শিক্ষা এবং প্রযুক্তিগত জ্ঞানের উপর জোর দিয়ে মানবসম্পদকে আরও দক্ষ করে তুলতে হবে। তরুণ প্রজন্মের জন্য উচ্চশিক্ষা ও গবেষণার সুযোগ বৃদ্ধি করতে হবে যাতে তারা বৈশ্বিক প্রতিযোগিতায় সক্ষম হয়।

★ নারীর ক্ষমতায়ন ও সামাজিক ন্যায়বিচার:-নারীর ক্ষমতায়ন ও সামাজিক ন্যায়বিচার নিশ্চিত করার জন্য নারী ও শিশুদের বিরুদ্ধে সহিংসতা বন্ধ করা এবং তাদের অধিকারের সুরক্ষা নিশ্চিত করতে হবে। সামাজিক ন্যায়বিচার প্রতিষ্ঠায়, সংখ্যালঘুদের

অধিকার এবং সমান সুযোগ নিশ্চিত করা অপরিহার্য।

প্রযুক্তি এবং উদ্ভাবনে বিনিয়োগ:-আগামী দিনের রাজনীতি এবং অর্থনীতি প্রযুক্তির উপর নির্ভর করবে। তাই গবেষণা ও উদ্ভাবনে বিনিয়োগ বাড়াতে হবে। স্টার্টআপ সংস্কৃতি এবং উদ্যোক্তাদের জন্য সহায়ক পরিবেশ তৈরি করতে হবে।

★পরিবেশ সুরক্ষা ও জলবায়ু পরিবর্তনের মোকাবিলা:-বাংলাদেশ জলবায়ু পরিবর্তনের জন্য একটি ঝুঁকিপূর্ণ দেশ। তাই পরিবেশ রক্ষা ও জলবায়ু পরিবর্তনের প্রভাব মোকাবিলার জন্য সমন্বিত কর্মসূচি গ্রহণ করতে হবে। সবুজায়ন, পুনর্ব্যবহার এবং নবায়নযোগ্য শক্তির উপর জোর দেওয়া প্রয়োজন।

★আঞ্চলিক ও আন্তর্জাতিক সম্পর্ক উন্নয়ন:-বাংলাদেশের ভবিষ্যৎ রাজনীতির অন্যতম গুরুত্বপূর্ণ দিক হবে আঞ্চলিক ও আন্তর্জাতিক সম্পর্ক শক্তিশালী করা। প্রতিবেশী দেশগুলোর সঙ্গে শান্তিপূর্ণ সম্পর্ক বজায় রাখা এবং বৈশ্বিক বাজারে দেশের অবস্থান আরও সুসংহত করা জরুরি।

উপসংহার:- এই লক্ষ্য ও উদ্দেশ্যগুলো অনুসরণ করলে বাংলাদেশ একটি স্থিতিশীল, শান্তিপূর্ণ এবং সমৃদ্ধ ভবিষ্যৎ গড়তে সক্ষম হবে।

১৯তম অধ্যায়

১৯.বাংলাদেশ কে একটি সভ্য জাতি হিসেবে গঠন করতে আগামীর রাজনীতি কিভাবে ভূমিকা পালন করতে পারে বিস্তারিত আলোচনা করুন।

বাংলাদেশকে একটি সভ্য জাতি হিসেবে গঠন করতে আগামীর রাজনীতি গুরুত্বপূর্ণ ভূমিকা পালন করতে পারে। সভ্য জাতি গঠনে রাজনীতির বিভিন্ন ক্ষেত্রের মাধ্যমে উন্নয়ন, নৈতিকতা, ও সামাজিক সংহতির দিকে মনোযোগ দেওয়া প্রয়োজন। নিচে আলোচনা করা হলো কিভাবে রাজনীতি এই ক্ষেত্রে ভূমিকা রাখতে পারে:

★শিক্ষা ব্যবস্থার উন্নয়ন:-রাজনীতি শিক্ষা ব্যবস্থার সংস্কার এবং উন্নয়নে গুরুত্বপূর্ণ ভূমিকা রাখতে পারে। একটি সভ্য জাতি গঠনের জন্য শিক্ষার মান উন্নত করা অত্যন্ত গুরুত্বপূর্ণ। রাজনীতির মাধ্যমে শিক্ষা নীতির আধুনিকায়ন, স্কুল এবং কলেজের অবকাঠামো উন্নয়ন, এবং শিক্ষকদের প্রশিক্ষণ নিশ্চিত করতে হবে। শিক্ষার্থীদের নৈতিক শিক্ষা, মানবাধিকার, এবং সামাজিক মূল্যবোধের ওপর গুরুত্ব দিতে হবে।

★সুশাসন ও আইনের শাসন প্রতিষ্ঠা:-সুশাসন এবং আইনের শাসন একটি সভ্য জাতির মৌলিক উপাদান। রাজনীতি সুশাসন নিশ্চিত করতে আইন-শৃঙ্খলা বাহিনীর কার্যকারিতা, আদালতের স্বাধীনতা, এবং দুর্নীতি রোধে কার্যকর নীতিমালা প্রণয়ন করতে হবে। জনগণের মধ্যে আইনের প্রতি সম্মান এবং ন্যায়বিচারের প্রতি বিশ্বাস গড়ে তুলতে হবে।

★সামাজিক ন্যায় এবং অন্তর্ভুক্তিমূলক সমাজ:-রাজনীতি সামাজিক ন্যায় প্রতিষ্ঠা এবং বৈষম্য কমাতে ভূমিকা রাখতে পারে। অর্থনৈতিক ও সামাজিক সুযোগ-সুবিধা সমানভাবে বিতরণ করা উচিত। নারী, শিশু, প্রতিবন্ধী, এবং প্রান্তিক জনগণের অধিকার সুরক্ষিত করা এবং তাদের সমান সুযোগ প্রদান করতে হবে। সমাজে বৈষম্য ও নিপীড়ন বন্ধ করার জন্য আইন ও নীতি প্রণয়ন করা প্রয়োজন।

★পরিবেশ রক্ষা ও উন্নয়ন:-একটি সভ্য জাতির জন্য পরিবেশ রক্ষা এবং উন্নয়ন অপরিহার্য। রাজনীতির মাধ্যমে পরিবেশবান্ধব নীতি গ্রহণ, প্রাকৃতিক সম্পদের সুরক্ষা, এবং টেকসই উন্নয়ন নিশ্চিত করতে হবে। জলবায়ু পরিবর্তন মোকাবিলা এবং পরিবেশ সুরক্ষায় সচেতনতা বৃদ্ধির জন্য কার্যকর কার্যক্রম গ্রহণ করা প্রয়োজন।

★স্বাস্থ্যসেবা এবং সুশিক্ষার উন্নয়ন:-স্বাস্থ্যসেবা এবং সুশিক্ষার উন্নয়ন সভ্য জাতি গঠনের জন্য গুরুত্বপূর্ণ। রাজনীতি স্বাস্থ্য

খাতে বিনিয়োগ বৃদ্ধি, আধুনিক স্বাস্থ্যসেবা সুবিধা প্রদান, এবং জনগণের স্বাস্থ্যসেবার মান উন্নত করতে কাজ করতে পারে। শিক্ষা ও স্বাস্থ্যসেবার মধ্যে সমন্বয় সাধন করে সবার জন্য স্বাস্থ্যকর জীবনযাত্রা নিশ্চিত করা উচিত।

★ **সংস্কৃতি ও ঐতিহ্য সংরক্ষণ:-**একটি সভ্য জাতি গঠনে সংস্কৃতি ও ঐতিহ্যের সংরক্ষণ ও উন্নয়নে রাজনীতির ভূমিকা রয়েছে। দেশের সংস্কৃতি, ঐতিহ্য, ও সংস্কৃতির চর্চা এবং প্রচারে রাজনীতি সক্রিয় ভূমিকা পালন করতে পারে। সাংস্কৃতিক অনুষ্ঠান, ঐতিহাসিক স্থান সংরক্ষণ, এবং সংস্কৃতির চর্চা বৃদ্ধির জন্য উদ্যোগ নিতে হবে।

★ **সামাজিক ন্যায়বিচার ও মানবাধিকার:-**মানবাধিকার রক্ষা এবং সামাজিক ন্যায়বিচার নিশ্চিত করতে রাজনীতি সক্রিয় ভূমিকা পালন করতে পারে। সকল নাগরিকের মৌলিক অধিকার ও স্বাধীনতা সুরক্ষিত করতে হবে এবং ন্যায়বিচারের সঠিক বাস্তবায়ন নিশ্চিত করতে হবে। রাজনীতির মাধ্যমে মানবাধিকার লঙ্ঘনকারী কর্মকাণ্ডের বিরুদ্ধে কঠোর ব্যবস্থা নেওয়া উচিত।

★ **প্রযুক্তি ও উদ্ভাবনের উন্নয়ন:-**প্রযুক্তি ও উদ্ভাবন সভ্য জাতি গঠনে সহায়ক হতে পারে। রাজনীতির মাধ্যমে প্রযুক্তি খাতে বিনিয়োগ বাড়ানো, উদ্ভাবন ও গবেষণায় সমর্থন দেওয়া, এবং ডিজিটাল সংস্কারের মাধ্যমে জনগণের জীবনমান উন্নত করতে হবে। প্রযুক্তির সঠিক ব্যবহারের মাধ্যমে সমাজের বিভিন্ন ক্ষেত্রে উন্নয়ন সাধন করা সম্ভব।

★ **নৈতিক ও সাংস্কৃতিক শিক্ষা:-**নৈতিক শিক্ষা এবং সাংস্কৃতিক মূল্যবোধ সভ্য জাতি গঠনে গুরুত্বপূর্ণ ভূমিকা পালন করে। রাজনীতি নৈতিক শিক্ষার প্রচলন এবং সামাজিক মূল্যবোধ বৃদ্ধি করতে কার্যকর কর্মসূচি গ্রহণ করতে পারে। যুব সমাজকে নৈতিক শিক্ষা, সৎ জীবনযাপন, এবং সামাজিক দায়িত্ব পালনের গুরুত্ব বোঝানো উচিত।

★ **স্বেচ্ছাসেবী কার্যক্রম ও সামাজিক অংশগ্রহণ:-**স্বেচ্ছাসেবী কার্যক্রম এবং সামাজিক অংশগ্রহণ সভ্য জাতির অংশ হিসেবে গণ্য করা হয়। রাজনীতির মাধ্যমে স্বেচ্ছাসেবী সংগঠনগুলোর উন্নয়ন এবং সামাজিক অংশগ্রহণ বাড়ানোর জন্য প্রণোদনা প্রদান করা যেতে পারে। জনগণকে সমাজের উন্নয়নে সক্রিয় অংশগ্রহণ করতে উৎসাহিত করা উচিত।

★ **অর্থনৈতিক স্বায়ত্তশাসন ও উন্নয়ন:-**অর্থনৈতিক স্বায়ত্তশাসন এবং সমৃদ্ধি একটি সভ্য জাতির লক্ষ্যমাত্রা। রাজনীতির মাধ্যমে অর্থনৈতিক উন্নয়ন পরিকল্পনা গ্রহণ, কর্মসংস্থান সৃষ্টি, এবং সামাজিক সুরক্ষা ব্যবস্থা উন্নত করতে হবে। জনগণের অর্থনৈতিক সক্ষমতা বৃদ্ধি এবং জীবনযাত্রার মান উন্নত করতে হবে।

★ **সামাজিক সংহতি এবং শান্তি:-**সামাজিক সংহতি এবং শান্তি একটি সভ্য জাতির প্রয়োজনীয় উপাদান। রাজনীতির মাধ্যমে সাম্প্রদায়িক সম্প্রীতি বজায় রাখা, জাতীয় ঐক্য গড়ে তোলা, এবং সমাজে শান্তি প্রতিষ্ঠা করতে উদ্যোগ নিতে হবে। সাম্প্রদায়িকতা, হিংসা, এবং বৈষম্যের বিরুদ্ধে সচেতনতা বৃদ্ধি করতে হবে।

উপসংহার:-সুতরাং, একটি সভ্য জাতি গঠনের জন্য রাজনীতির সক্রিয় এবং কার্যকর ভূমিকা প্রয়োজন। শিক্ষা, সুশাসন, সামাজিক ন্যায়, সংস্কৃতি সংরক্ষণ, মানবাধিকার, এবং অর্থনৈতিক উন্নয়নের মাধ্যমে বাংলাদেশের সমাজকে উন্নত এবং সভ্য করা সম্ভব।

২০তম অধ্যায়

২০.অর্থনৈতিকভাবে সমৃদ্ধ বাংলাদেশ গঠনে আগামীর রাজনীতি কি কি কাজ করতে পারে বিস্তারিত আলোচনা করুন।

অর্থনৈতিকভাবে সমৃদ্ধ বাংলাদেশ গঠনে আগামীর রাজনীতি গুরুত্বপূর্ণ ভূমিকা পালন করতে পারে। দেশের অর্থনৈতিক প্রবৃদ্ধি, স্থিতিশীলতা, এবং টেকসই উন্নয়নের জন্য সঠিক নীতি এবং পরিকল্পনা গ্রহণ অত্যাবশ্যক। অর্থনৈতিক সমৃদ্ধি নিশ্চিত করতে বিভিন্ন খাতে সরকারের কার্যকর ভূমিকা, পরিকল্পনা, এবং বাস্তবায়ন প্রয়োজন। নিচে অর্থনৈতিকভাবে সমৃদ্ধ বাংলাদেশ গঠনে আগামীর রাজনীতির কিছু গুরুত্বপূর্ণ কাজ তুলে ধরা হলো:

★ **শিল্পায়ন ও বিনিয়োগ বৃদ্ধি:-**শিল্পায়ন অর্থনৈতিক উন্নয়নের প্রধান চালিকাশক্তি। আগামীর রাজনীতিতে শিল্পায়নের জন্য দীর্ঘমেয়াদি পরিকল্পনা গ্রহণ করতে হবে, যাতে দেশীয় ও বিদেশি বিনিয়োগ বৃদ্ধি পায়। বেসরকারি খাতে বিনিয়োগকে উৎসাহিত করতে সরকারকে কর প্রণোদনা, সহজ ঋণ, এবং অবকাঠামোগত সুবিধা প্রদান করতে হবে।

★ **বিনিয়োগবান্ধব পরিবেশ তৈরি:-**আগামীর রাজনীতিতে একটি স্থিতিশীল এবং বিনিয়োগবান্ধব পরিবেশ তৈরি করতে হবে। ব্যবসা শুরু করা এবং পরিচালনা করা সহজ করতে আইনি প্রক্রিয়া সহজতর করা, অবকাঠামো উন্নয়ন, এবং নিরাপত্তা

নিশ্চিত করা জরুরি। পাশাপাশি, দেশে বিদ্যমান ব্যবসায়িক নীতি সহজ করা এবং বিনিয়োগকারীদের জন্য প্রণোদনা বৃদ্ধি করা প্রয়োজন।

★মানসম্মত শিক্ষা ও মানবসম্পদ উন্নয়ন:-অর্থনৈতিক উন্নয়নে দক্ষ মানবসম্পদ অত্যন্ত গুরুত্বপূর্ণ। আগামীর রাজনীতিতে শিক্ষার মান উন্নয়ন এবং দক্ষতা বৃদ্ধির দিকে মনোযোগ দেওয়া প্রয়োজন। শিক্ষার পাশাপাশি কারিগরি শিক্ষা, প্রযুক্তি শিক্ষা, এবং প্রশিক্ষণ কেন্দ্র স্থাপনের মাধ্যমে একটি দক্ষ কর্মশক্তি গড়ে তোলা সম্ভব। এভাবে কর্মক্ষেত্রে উপযুক্ত দক্ষ জনশক্তি তৈরি করে দেশের উৎপাদনশীলতা বৃদ্ধি করা যাবে।

★তথ্যপ্রযুক্তি ও ডিজিটাল খাতের সম্প্রসারণ:-তথ্যপ্রযুক্তি খাত বাংলাদেশে দ্রুত বিকাশ লাভ করছে এবং এটি একটি বিশাল সম্ভাবনাময় খাত। আগামীর রাজনীতিতে তথ্যপ্রযুক্তি ও ডিজিটাল খাতের উন্নয়নে বিনিয়োগ, অবকাঠামোগত সুবিধা, এবং আইনি সহায়তা নিশ্চিত করতে হবে। ই-কমার্স, ফ্রিল্যান্সিং, এবং আইটি খাতে সঠিক পরিকল্পনা গ্রহণ করে দেশকে একটি ডিজিটাল অর্থনীতির পথে এগিয়ে নেওয়া সম্ভব।

★কৃষি খাতের আধুনিকায়ন:-বাংলাদেশের অর্থনীতিতে কৃষি খাত এখনও একটি বড় অংশীদার। কৃষি উৎপাদন বাড়াতে কৃষির আধুনিকায়ন, সেচ ব্যবস্থা উন্নয়ন, উন্নত বীজ ও প্রযুক্তি সরবরাহ, এবং কৃষকদের আর্থিক সহায়তা প্রয়োজন। পাশাপাশি, কৃষিভিত্তিক শিল্পের বিকাশ এবং কৃষি পণ্য প্রক্রিয়াকরণ শিল্প গড়ে তোলা জরুরি, যাতে কৃষকদের আয় বৃদ্ধি পায় এবং দেশের অর্থনীতি শক্তিশালী হয়।

★রপ্তানিমুখী শিল্পের বিকাশ:-বাংলাদেশের রপ্তানিমুখী শিল্প, বিশেষ করে তৈরি পোশাক খাত, দেশের অর্থনীতিতে গুরুত্বপূর্ণ ভূমিকা পালন করে। এই খাতের পাশাপাশি অন্যান্য রপ্তানিমুখী শিল্প যেমন—চামড়া, পাট, ওষুধ, জাহাজ নির্মাণ ইত্যাদির বিকাশে আগামীর রাজনীতিকে মনোযোগী হতে হবে। বহুমুখী রপ্তানি খাতের বিকাশের মাধ্যমে বৈদেশিক মুদ্রা আয় বাড়ানো সম্ভব হবে।

★বিদেশি কর্মসংস্থান ও রেমিট্যান্স বৃদ্ধি:-বাংলাদেশের প্রবাসী শ্রমিকদের পাঠানো রেমিট্যান্স দেশের অর্থনীতিতে গুরুত্বপূর্ণ ভূমিকা পালন করে। আগামীর রাজনীতিতে দক্ষ জনশক্তি গড়ে তুলে বিদেশে কর্মসংস্থান বৃদ্ধি করার নীতি গ্রহণ করতে হবে। আন্তর্জাতিক মানের প্রশিক্ষণ, ভাষা শিক্ষা, এবং দক্ষতা উন্নয়নের মাধ্যমে বিদেশে কর্মী পাঠিয়ে দেশের বৈদেশিক আয় বাড়ানো সম্ভব।

★উদ্যোক্তা উন্নয়ন ও স্টার্টআপ সংস্কৃতির বিকাশ:-আগামীর রাজনীতিতে উদ্যোক্তাদের জন্য সহায়ক নীতি গ্রহণ করা প্রয়োজন। নতুন ব্যবসা শুরু করার জন্য সহজ ঋণ, কর সুবিধা, এবং প্রণোদনা প্রদান করা উচিত। বিশেষ করে, তরুণদের মধ্যে উদ্ভাবনী উদ্যোগ এবং স্টার্টআপ কালচার বিকাশের জন্য আর্থিক সহায়তা এবং নীতিগত সহায়তা নিশ্চিত করতে হবে।

★সড়ক, রেলপথ, এবং পরিবহন ব্যবস্থা উন্নয়ন:-অবকাঠামোগত উন্নয়ন একটি দেশের অর্থনৈতিক সমৃদ্ধির জন্য অত্যন্ত গুরুত্বপূর্ণ। সড়ক, রেলপথ, এবং সমুদ্রবন্দরগুলোর আধুনিকায়ন করে পরিবহন ব্যবস্থার উন্নয়ন করতে হবে, যাতে পণ্য পরিবহন দ্রুত এবং সাশ্রয়ী হয়। যোগাযোগব্যবস্থা উন্নত হলে ব্যবসা-বাণিজ্য বাড়বে এবং দেশের অর্থনীতি সমৃদ্ধ হবে।

★পর্যটন শিল্পের বিকাশ:-বাংলাদেশের পর্যটন শিল্প একটি বিশাল সম্ভাবনাময় খাত, যা অর্থনৈতিক উন্নয়নে বড় ভূমিকা রাখতে পারে। আগামীর রাজনীতিতে পর্যটন শিল্পের জন্য অবকাঠামো উন্নয়ন, পর্যটকদের জন্য নিরাপত্তা ও সুযোগ-সুবিধা বৃদ্ধি, এবং আন্তর্জাতিক পর্যায়ে বাংলাদেশকে পর্যটন গন্তব্য হিসেবে তুলে ধরার পরিকল্পনা গ্রহণ করতে হবে। পর্যটনের বিকাশের মাধ্যমে বৈদেশিক মুদ্রা আয় বৃদ্ধি এবং স্থানীয় কর্মসংস্থান সৃষ্টি হবে।

★দুর্নীতির বিরুদ্ধে জিরো টলারেন্স নীতি:-অর্থনৈতিক উন্নয়নে দুর্নীতি একটি বড় অন্তরায়। আগামীর রাজনীতিতে দুর্নীতির বিরুদ্ধে কঠোর ব্যবস্থা গ্রহণ করে সুশাসন প্রতিষ্ঠা করতে হবে। সরকারি প্রকল্প ও নীতিমালায় স্বচ্ছতা এবং জবাবদিহিতা নিশ্চিত করতে হবে। দুর্নীতি কমলে বিনিয়োগকারীরা আস্থা পাবে এবং দেশের অর্থনৈতিক উন্নয়ন দ্রুত হবে।

★গ্রামীণ অর্থনীতি শক্তিশালীকরণ:-দেশের অর্থনৈতিক উন্নয়নকে আরও টেকসই করতে হলে গ্রামীণ অর্থনীতির উন্নয়ন জরুরি। গ্রামীণ অঞ্চলে কৃষি, কুটির শিল্প, এবং ক্ষুদ্র ব্যবসায়ীদের জন্য বিশেষ সুবিধা প্রদান করতে হবে। গ্রামীণ এলাকায় অবকাঠামো উন্নয়ন এবং ডিজিটাল যোগাযোগ ব্যবস্থা নিশ্চিত করে স্থানীয় অর্থনীতির প্রবৃদ্ধি ত্বরান্বিত করা সম্ভব।

★টেকসই উন্নয়ন ও সবুজ অর্থনীতি:-আগামীর রাজনীতিতে পরিবেশের সঙ্গে সামঞ্জস্যপূর্ণ অর্থনৈতিক উন্নয়নের ওপর জোর দিতে হবে। নবায়নযোগ্য শক্তি, গ্রীন এনার্জি, এবং পরিবেশবান্ধব শিল্পায়নকে উৎসাহিত করে টেকসই উন্নয়নের পথে এগিয়ে যাওয়া সম্ভব। পরিবেশের সুরক্ষা নিশ্চিত করে এবং সবুজ অর্থনীতি গড়ে তোলার মাধ্যমে ভবিষ্যৎ প্রজন্মের জন্য একটি সমৃদ্ধ এবং টেকসই অর্থনীতি নিশ্চিত করা যাবে।

★**আন্তর্জাতিক বাণিজ্য চুক্তি ও অংশীদারিত্ব:**-বাংলাদেশের অর্থনৈতিক সমৃদ্ধির জন্য আন্তর্জাতিক বাণিজ্য সম্পর্ক উন্নয়ন অত্যন্ত গুরুত্বপূর্ণ। আগামীর রাজনীতিতে নতুন নতুন বাণিজ্য চুক্তি এবং আন্তর্জাতিক সহযোগিতার মাধ্যমে বৈদেশিক বাজারে প্রবেশের সুযোগ সৃষ্টি করতে হবে। আন্তর্জাতিক বাণিজ্য সম্প্রসারণের মাধ্যমে রপ্তানি বাড়ানো এবং বৈদেশিক মুদ্রার আয় বাড়ানো সম্ভব হবে।

উপসংহার:-সুতরাং, অর্থনৈতিকভাবে সমৃদ্ধ বাংলাদেশ গড়তে আগামীর রাজনীতি বিভিন্ন খাতে দীর্ঘমেয়াদি পরিকল্পনা গ্রহণ করে, কর্মসংস্থান সৃষ্টি, বিনিয়োগ আকর্ষণ, শিল্পায়ন, এবং শিক্ষার মানোন্নয়নের মাধ্যমে দেশের আর্থিক ভিত্তিকে মজবুত করতে পারবে। দুর্নীতি হ্রাস, সুশাসন প্রতিষ্ঠা, এবং একটি বিনিয়োগবান্ধব পরিবেশ তৈরি করে অর্থনৈতিক সমৃদ্ধি নিশ্চিত করা সম্ভব।

২১তম অধ্যায়

২১.দুর্নীতি মুক্ত সচ্ছ বাংলাদেশ বিনির্মানে আগামীর রাজনীতিতে কি ধরনের ভূমিকা থাকা উচিত বিস্তারিত আলোচনা করুন।

দুর্নীতিমুক্ত, স্বচ্ছ বাংলাদেশ গঠনে আগামীর রাজনীতি অত্যন্ত গুরুত্বপূর্ণ ভূমিকা পালন করতে পারে। দুর্নীতি একটি দেশের উন্নয়নের পথে বড় বাধা, এবং এটি অর্থনীতি, সমাজ এবং প্রশাসনের প্রতিটি স্তরে প্রভাব ফেলে। আগামীর রাজনীতি যদি সঠিকভাবে পরিচালিত হয়, তবে দুর্নীতিমুক্ত, স্বচ্ছ এবং জবাবদিহিমূলক একটি বাংলাদেশ গড়ে তোলা সম্ভব। এজন্য নিচের কয়েকটি মূলনীতি অনুসরণ করা উচিত:

★**দুর্নীতির বিরুদ্ধে কঠোর আইন ও শাস্তির ব্যবস্থা:**-আগামীর রাজনীতিতে দুর্নীতির বিরুদ্ধে কঠোর আইন প্রণয়ন এবং তার বাস্তবায়ন নিশ্চিত করতে হবে। দুর্নীতির বিরুদ্ধে শূন্য সহনশীলতা (Zero Tolerance) নীতি গ্রহণ করে, প্রতিটি ক্ষেত্রে দুর্নীতিবাজদের জন্য কঠোর শাস্তির ব্যবস্থা করতে হবে। আইন প্রয়োগে কোনো প্রভাবশালী ব্যক্তির হস্তক্ষেপ বা ক্ষমতার অপব্যবহার বরদাস্ত করা উচিত নয়।

★**স্বচ্ছতা ও জবাবদিহিতা নিশ্চিত করা:**-স্বচ্ছতা ও জবাবদিহিতা দুর্নীতিমুক্ত বাংলাদেশ গঠনের জন্য অত্যন্ত জরুরি। আগামীর রাজনীতিতে প্রতিটি সরকারি ও বেসরকারি খাতের আর্থিক কার্যক্রমের স্বচ্ছতা নিশ্চিত করতে হবে। সরকারের প্রতিটি বিভাগের কার্যক্রম সম্পর্কে জনসাধারণকে অবহিত করা, বাজেট প্রকাশ করা, এবং সিদ্ধান্ত গ্রহণের প্রক্রিয়াগুলো সবার জন্য উন্মুক্ত করতে হবে।

★**দুর্নীতি দমন কমিশনের (ACC) স্বাধীনতা ও ক্ষমতা বৃদ্ধি:**-আগামীর রাজনীতিতে দুর্নীতি দমন কমিশনকে (ACC) স্বাধীনভাবে কাজ করার ক্ষমতা ও সুযোগ দিতে হবে। কমিশনের কার্যক্রমে কোনো রাজনৈতিক হস্তক্ষেপ যাতে না হয়, তা নিশ্চিত করতে হবে। দুর্নীতিবাজ যেই হোক না কেন, দলমত নির্বিশেষে আইন অনুযায়ী বিচার করতে হবে, এবং সেই সাথে দুর্নীতি তদন্ত ও বিচার প্রক্রিয়াকে আরও গতিশীল ও কার্যকর করতে হবে।

★**ডিজিটালাইজেশন ও প্রযুক্তির ব্যবহার:**-সরকারি সেবা, টেন্ডার প্রক্রিয়া, এবং প্রশাসনিক কার্যক্রম ডিজিটালাইজেশন করা হলে দুর্নীতির সুযোগ কমে যায়। প্রযুক্তির ব্যবহার বাড়িয়ে ই-গভর্নেন্স ব্যবস্থা চালু করা হলে বিভিন্ন সরকারি দপ্তরে ঘুষ বা ক্ষমতার অপব্যবহার করার প্রবণতা কমানো যায়। বিভিন্ন সরকারি সেবায় অনলাইন পেমেন্ট ও ডিজিটাল নজরদারির মাধ্যমে স্বচ্ছতা বাড়ানো যায়।

★ **বিভিন্ন খাতের সংস্কার ও কার্যকর নীতিমালা:-**দুর্নীতিমুক্ত বাংলাদেশ গঠনের জন্য প্রশাসন, বিচার বিভাগ, শিক্ষা, স্বাস্থ্য, এবং অন্যান্য গুরুত্বপূর্ণ খাতগুলোতে কার্যকর নীতি এবং সংস্কার প্রয়োজন। বিশেষ করে, সরকারি কর্মকর্তা-কর্মচারীদের জন্য কঠোর নিয়মাবলি তৈরি করা, নিয়োগ ও পদোন্নতি প্রক্রিয়ায় স্বচ্ছতা বজায় রাখা, এবং দুর্নীতির অভিযোগে দ্রুত শাস্তিমূলক ব্যবস্থা নেওয়ার মতো সংস্কার কার্যক্রম গ্রহণ করতে হবে।

★ **শিক্ষা ও সচেতনতা বৃদ্ধি:-**রাজনীতির মাধ্যমে দুর্নীতির বিরুদ্ধে জনসচেতনতা তৈরি করতে হবে। শিক্ষার মাধ্যমে দুর্নীতির ক্ষতিকর প্রভাব সম্পর্কে জনগণকে সচেতন করা এবং নৈতিক শিক্ষা দেওয়া গুরুত্বপূর্ণ। তরুণ প্রজন্মকে দুর্নীতি থেকে দূরে রাখতে স্কুল, কলেজ, এবং বিশ্ববিদ্যালয় পর্যায়ে নৈতিকতা এবং সুশাসন সম্পর্কিত পাঠ্যক্রম অন্তর্ভুক্ত করা উচিত।

★ **গণমাধ্যম ও সুশীল সমাজের স্বাধীনতা:-**গণমাধ্যম এবং সুশীল সমাজ দুর্নীতির বিরুদ্ধে লড়াইয়ে গুরুত্বপূর্ণ ভূমিকা পালন করে। আগামীর রাজনীতিতে গণমাধ্যমের স্বাধীনতা নিশ্চিত করতে হবে, যাতে তারা দুর্নীতি সম্পর্কে জনসাধারণকে অবহিত করতে এবং দুর্নীতিবাজদের বিরুদ্ধে প্রতিবেদন প্রকাশ করতে পারে। এছাড়া, সুশীল সমাজের সংগঠনগুলোকে দুর্নীতি প্রতিরোধে কাজ করতে উৎসাহিত করা উচিত।

★ **নেতৃত্বের নৈতিক দৃষ্টান্ত স্থাপন:-**আগামীর রাজনীতিতে নেতৃত্বের নৈতিকতা এবং সততা অপরিহার্য। যদি রাজনৈতিক নেতারা নিজেদেরকে সৎ এবং নৈতিকভাবে দৃঢ় রাখেন, তবে সাধারণ মানুষও তাদের অনুকরণ করবে। রাজনৈতিক নেতাদের দুর্নীতি থেকে দূরে থাকতে হবে এবং তাদের কাজের মাধ্যমে জনগণকে দুর্নীতির বিরুদ্ধে একত্রিত করতে হবে।

★ **স্থানীয় সরকারের ক্ষমতায়ন ও বিকেন্দ্রীকরণ:-**স্থানীয় সরকারকে ক্ষমতায়ন করে এবং ক্ষমতার বিকেন্দ্রীকরণ করলে দুর্নীতি কমানো যায়। স্থানীয় সরকারের কার্যক্রমের স্বচ্ছতা বাড়াতে স্থানীয় পর্যায়ে জনগণের অংশগ্রহণ বাড়ানো প্রয়োজন। যদি স্থানীয় প্রশাসন এবং জনপ্রতিনিধিরা স্বচ্ছভাবে কাজ করে, তাহলে জনগণও তাদের ওপর আস্থা রাখতে পারে এবং দুর্নীতির হার কমে।

★ **দলীয় শৃঙ্খলা ও অভ্যন্তরীণ জবাবদিহিতা:-**রাজনৈতিক দলের মধ্যে দুর্নীতির বিরুদ্ধে কঠোর শৃঙ্খলা এবং জবাবদিহিতা থাকতে হবে। রাজনৈতিক দলের নেতাকর্মীরা যদি দুর্নীতি থেকে বিরত থাকে, তাহলে তারা সমাজের সামনে একটি উদাহরণ হয়ে উঠতে পারে। দলীয় সিদ্ধান্ত গ্রহণ প্রক্রিয়ায় স্বচ্ছতা বজায় রাখা এবং অভ্যন্তরীণ দুর্নীতির বিরুদ্ধে দলীয় কঠোর পদক্ষেপ নিতে হবে।

উপসংহার:-সুতরাং, দুর্নীতিমুক্ত এবং স্বচ্ছ বাংলাদেশ গঠনের জন্য আগামীর রাজনীতিতে কার্যকর আইন, সুশাসন, জনগণের সচেতনতা, এবং প্রযুক্তির ব্যবহার অপরিহার্য। রাজনৈতিক নেতৃত্ব যদি সৎ ও নৈতিক থাকে এবং সরকার যদি স্বচ্ছ ও জবাবদিহিমূলক প্রক্রিয়ায় কাজ করে, তাহলে একটি দুর্নীতিমুক্ত, সমৃদ্ধ এবং উন্নত বাংলাদেশ গড়ে তোলা সম্ভব।

২২.দারিদ্র্য মুক্ত বাংলাদেশ বিনির্মাণে আগামীর রাজনীতি বাংলাদেশে কি ধরনের ভূমিকা রাখতে পারে বিস্তারিত আলোচনা করুন।

দারিদ্র্যমুক্ত বাংলাদেশ বিনির্মাণে আগামীর রাজনীতি অত্যন্ত গুরুত্বপূর্ণ ভূমিকা পালন করতে পারে। দারিদ্র্য একটি দেশের অর্থনৈতিক ও সামাজিক উন্নয়নের পথে প্রধান অন্তরায়। এ সমস্যা সমাধানে রাজনৈতিক নেতৃত্বের সঠিক দিকনির্দেশনা, কার্যকর নীতি গ্রহণ, এবং বিভিন্ন সামাজিক ও অর্থনৈতিক পদক্ষেপ গ্রহণ করা অত্যাবশ্যক। নিচে দারিদ্র্য বিমোচনে আগামীর রাজনীতির কিছু গুরুত্বপূর্ণ ভূমিকা তুলে ধরা হলো:-

★ **অর্থনৈতিক প্রবৃদ্ধি ও শিল্পায়ন ত্বরান্বিত করা:-**আগামীর রাজনীতিতে টেকসই অর্থনৈতিক প্রবৃদ্ধির ওপর গুরুত্বারোপ করতে হবে। একটি শক্তিশালী অর্থনীতি দারিদ্র্য দূরীকরণের মূল চাবিকাঠি। শিল্পায়ন, বিশেষ করে শ্রমনির্ভর শিল্পের বিকাশ, নতুন কর্মসংস্থানের সুযোগ সৃষ্টি করবে, যা দারিদ্র্য বিমোচনে সহায়ক হবে। অর্থনৈতিক উন্নয়নে বিনিয়োগ পরিবেশ তৈরি করে স্থানীয় এবং আন্তর্জাতিক বিনিয়োগ আকর্ষণ করা গেলে দারিদ্র্য দূরীকরণে উল্লেখযোগ্য ভূমিকা রাখা সম্ভব হবে।

★ **কৃষি খাতের আধুনিকায়ন ও সহায়তা বৃদ্ধি:-**বাংলাদেশের একটি বড় জনগোষ্ঠী এখনও কৃষির ওপর নির্ভরশীল। কৃষি খাতের উন্নয়ন ও আধুনিকায়নের মাধ্যমে গ্রামীণ অর্থনীতি শক্তিশালী করা সম্ভব। কৃষককে আর্থিক সহায়তা, উন্নত বীজ, কৃষি যন্ত্রপাতি, এবং সেচ সুবিধা দেওয়া গেলে উৎপাদনশীলতা বাড়বে, যা গ্রামীণ দারিদ্র্য কমাতে সহায়ক হবে। কৃষিপণ্য প্রক্রিয়াজাতকরণ শিল্প গড়ে তুললে কৃষকদের আয় বাড়বে এবং দারিদ্র্য হ্রাস পাবে।

★ **সমাজকল্যাণমূলক নীতি ও সামাজিক সুরক্ষা:-**দারিদ্র্য বিমোচনে সামাজিক সুরক্ষা ও কল্যাণমূলক নীতি খুবই গুরুত্বপূর্ণ। আগামীর রাজনীতিতে দরিদ্র জনগোষ্ঠীর জন্য টেকসই সামাজিক সুরক্ষা কর্মসূচি বাস্তবায়ন করতে হবে। যেমন—বয়স্ক ভাতা, বিধবা ভাতা, মাতৃত্বকালীন ভাতা, খাদ্য সহায়তা, স্বাস্থ্যসেবা ইত্যাদি। এছাড়া, দরিদ্রদের জন্য সাশ্রয়ী মূল্যে খাদ্য ও বাসস্থান সুবিধা নিশ্চিত করতে হবে।

★ **মানবসম্পদ উন্নয়ন ও দক্ষতা বৃদ্ধি:-**শিক্ষা ও প্রশিক্ষণ দারিদ্র্য দূরীকরণের অন্যতম উপায়। আগামীর রাজনীতিতে মানসম্মত শিক্ষা, কারিগরি ও বৃত্তিমূলক প্রশিক্ষণ, এবং দক্ষতা উন্নয়নের ওপর বিশেষ গুরুত্ব দিতে হবে। দক্ষ মানবসম্পদ গড়ে তোলা গেলে তাদের স্থানীয় ও আন্তর্জাতিক কর্মসংস্থানের সুযোগ তৈরি হবে, যা দারিদ্র্য কমাতে সহায়ক হবে।

★ **নারীর ক্ষমতায়ন ও কর্মসংস্থান:-**দারিদ্র্য দূরীকরণে নারীর ক্ষমতায়ন একটি গুরুত্বপূর্ণ ভূমিকা পালন করে। আগামীর রাজনীতিতে নারীদের জন্য কর্মসংস্থানের সুযোগ তৈরি, ক্ষুদ্র ঋণ সুবিধা, এবং ব্যবসা করার জন্য প্রণোদনা দেওয়ার মাধ্যমে নারীর অর্থনৈতিক স্বাধীনতা নিশ্চিত করা যেতে পারে। নারীর ক্ষমতায়ন হলে পরিবার ও সমাজে দারিদ্র্যের প্রভাব কমানো সম্ভব হবে।

ক্ষুদ্র ও মাঝারি শিল্প (এসএমই) বিকাশ:-ক্ষুদ্র ও মাঝারি শিল্প দারিদ্র্য দূরীকরণের একটি কার্যকর উপায় হতে পারে। এসএমই খাতকে উৎসাহিত করতে সহজ ঋণ সুবিধা, কর প্রণোদনা, এবং ব্যবসার প্রসারের জন্য প্রয়োজনীয় অবকাঠামোগত সহায়তা

প্রদান করতে হবে। স্থানীয় উদ্যোক্তা তৈরি এবং তাদের উৎপাদিত পণ্যের বাজারজাতকরণে সহায়তা দিলে নতুন কর্মসংস্থান তৈরি হবে এবং দারিদ্র্য হ্রাস পাবে।

স্বাস্থ্যসেবা ও জনস্বাস্থ্য উন্নয়ন:-স্বাস্থ্য সেবা দারিদ্র্য বিমোচনে সরাসরি প্রভাব ফেলে। দরিদ্র মানুষ অনেক সময় স্বাস্থ্যগত সমস্যার কারণে কর্মক্ষম থাকে না, ফলে তারা আরও বেশি দারিদ্র্যের শিকার হয়। আগামীর রাজনীতিতে সবার জন্য সাশ্রয়ী ও সহজলভ্য স্বাস্থ্যসেবা নিশ্চিত করতে হবে। পাশাপাশি, জনস্বাস্থ্য ও পুষ্টির মান উন্নয়নের মাধ্যমে স্বাস্থ্যগত দারিদ্র্য (health poverty) কমানো সম্ভব।

★ পরিবেশ-বান্ধব ও টেকসই উন্নয়ন:-পরিবেশের অবনতি এবং জলবায়ু পরিবর্তনের ফলে দরিদ্র জনগোষ্ঠী সবচেয়ে বেশি ক্ষতিগ্রস্ত হয়। আগামীর রাজনীতিতে টেকসই উন্নয়ন নিশ্চিত করার জন্য পরিবেশ-বান্ধব শিল্প ও কৃষির ওপর জোর দিতে হবে। জলবায়ু পরিবর্তনের সঙ্গে খাপ খাইয়ে নেওয়ার জন্য দরিদ্র জনগোষ্ঠীকে সহায়তা এবং পরিবেশের সুরক্ষা নিশ্চিত করতে হবে।

★ পর্যটন শিল্পের উন্নয়ন:-পর্যটন শিল্প দারিদ্র্য দূরীকরণের একটি গুরুত্বপূর্ণ মাধ্যম হতে পারে। পর্যটনের বিকাশের মাধ্যমে প্রত্যন্ত অঞ্চলের মানুষের আয় বৃদ্ধি করা সম্ভব। আগামীর রাজনীতিতে পর্যটন শিল্পকে বিকশিত করার জন্য সরকারি বিনিয়োগ, উন্নত অবকাঠামো, এবং পর্যটক আকর্ষণের জন্য সঠিক পরিকল্পনা গ্রহণ করতে হবে।

★ স্থানীয় প্রশাসনের ক্ষমতায়ন ও বিকেন্দ্রীকরণ:-বিকেন্দ্রীকরণ এবং স্থানীয় সরকারের ক্ষমতায়ন হলে স্থানীয় পর্যায়ে উন্নয়নমূলক কর্মকাও আরও দ্রুত বাস্তবায়ন করা সম্ভব। স্থানীয় প্রশাসনের কার্যক্রমকে শক্তিশালী করে, স্থানীয়ভাবে দারিদ্র্য বিমোচন প্রকল্পগুলো পরিচালিত করলে এটি আরও কার্যকর হবে। স্থানীয় প্রশাসনকে দারিদ্র্য নিরসনে প্রয়োজনীয় ক্ষমতা প্রদান করতে হবে।

★ আন্তর্জাতিক সহায়তা ও অংশীদারিত্ব:-বাংলাদেশের রাজনৈতিক নেতৃত্ব আন্তর্জাতিক সংস্থাগুলোর সহায়তা ও অংশীদারিত্ব বাড়াতে পারে। দারিদ্র্য বিমোচন প্রকল্পগুলোর জন্য আন্তর্জাতিক তহবিল সংগ্রহ এবং উন্নয়ন সহযোগিতার মাধ্যমে দরিদ্র জনগোষ্ঠীর সহায়তায় ভূমিকা রাখা যেতে পারে।

দুর্নীতিমুক্ত প্রশাসন ও সুশাসন:-দারিদ্র্য দূরীকরণের জন্য দুর্নীতিমুক্ত প্রশাসন এবং সুশাসন অপরিহার্য। সরকারি সেবা ও প্রণোদনার সঠিক বাস্তবায়ন নিশ্চিত করতে হলে দুর্নীতি রোধ করতে হবে। আগামীর রাজনীতিতে সুশাসনের ওপর গুরুত্বারোপ করে সরকারের প্রতিটি খাতকে স্বচ্ছ এবং জবাবদিহিমূলক করার উদ্যোগ নিতে হবে, যাতে দরিদ্র জনগোষ্ঠী প্রকৃতপক্ষে সুবিধা পায়।

উপসংহার:- সুতরাং, দারিদ্র্য মুক্ত বাংলাদেশ বিনির্মাণে আগামীর রাজনীতি বহুমুখী উদ্যোগ এবং টেকসই নীতিমালা গ্রহণ করতে পারে। কৃষি ও শিল্পায়নের সমন্বয়, শিক্ষার উন্নয়ন, নারীর ক্ষমতায়ন, সামাজিক সুরক্ষা, এবং সুশাসন নিশ্চিত করা গেলে দেশ থেকে দারিদ্র্য দূর করা সম্ভব।

আধুনিক বিশ্বে পরিচয় করিয়ে তুলে ধরার জন্য আগামীর রাজনীতি কিভাবে ভূমিকা পালন করতে পারে বিস্তারিত।

বাংলাদেশ আধুনিক বিশ্বে পরিচিতি অর্জনের জন্য রাজনীতি গুরুত্বপূর্ণ ভূমিকা পালন করতে পারে। এর কিছু মূল দিক হলো:

★ **আন্তর্জাতিক সম্পর্ক বৃদ্ধি:-** কার্যকরী কূটনীতি ও আন্তর্জাতিক সম্পর্ক উন্নয়নে বাংলাদেশ সক্ষম হবে। এটি বিদেশি বিনিয়োগ আকর্ষণ এবং বৈশ্বিক প্ল্যাটফর্মে দেশের উপস্থিতি বাড়াতে সহায়তা করবে।

★ **অর্থনৈতিক উন্নয়ন:-** অর্থনৈতিক সংস্কার এবং উন্নয়নমূলক নীতির মাধ্যমে দেশের সামর্থ্য ও স্থিতিশীলতা বৃদ্ধি পাবে, যা আন্তর্জাতিক দুনিয়ায় বাংলাদেশকে একটি শক্তিশালী অর্থনৈতিক শক্তি হিসেবে প্রতিষ্ঠিত করবে।

★ **শিক্ষা ও গবেষণা:-** আন্তর্জাতিক মানের শিক্ষা ও গবেষণার জন্য বিনিয়োগ ও প্রণোদনা প্রদান করলে, বাংলাদেশ বৈশ্বিক জ্ঞানভাণ্ডারে অংশগ্রহণ করতে পারবে এবং নতুন প্রযুক্তি ও উদ্ভাবন প্রচার করতে পারবে।

★ **মানবাধিকার ও সামাজিক উন্নয়ন:-** মানবাধিকার এবং সামাজিক ন্যায়বিচারের প্রতি প্রতিশ্রুতি দিলে, আন্তর্জাতিক সমাজে বাংলাদেশের অবস্থান শক্তিশালী হবে এবং আন্তর্জাতিক সহযোগিতা বৃদ্ধি পাবে।

★ **পরিবেশ সংরক্ষণ:-** জলবায়ু পরিবর্তন ও পরিবেশ সংরক্ষণে নেতৃত্ব দিলে, বাংলাদেশ বিশ্বের পরিবেশগত চ্যালেঞ্জ মোকাবেলায় একটি উদাহরণ হতে পারে এবং আন্তর্জাতিক পরিসরে প্রশংসা অর্জন করতে পারে।

উপসংহার:-পদক্ষেপগুলো বাংলাদেশের আন্তর্জাতিক পরিচিতি এবং শক্তি বৃদ্ধি করতে সাহায্য করবে।

২৪.একটি পরিশ্রমি, দক্ষ, নম্র এবং ভদ্র জাতি গঠনে আগামীর রাজনীতি কি ধরনের ভূমিকা রাখতে পারে বিস্তারিত আলোচনা করুন।

একটি পরিশ্রমী, দক্ষ, নম্র, এবং ভদ্র জাতি গঠনে আগামীর রাজনীতি গুরুত্বপূর্ণ ভূমিকা রাখতে পারে। একটি জাতির চরিত্র ও ভবিষ্যৎ গঠনে রাজনীতির ভূমিকা অত্যন্ত প্রভাবশালী। এ বিষয়ে বিস্তারিত আলোচনা নিচে দেওয়া হলো:

★ ★নৈতিক শিক্ষার প্রসার:-

★নীতিনিষ্ঠ নেতৃত্ব:- রাজনৈতিক নেতারা নৈতিক ও আদর্শিক আচরণের মাধ্যমে জাতির জন্য আদর্শ হতে পারেন।

★শিক্ষা ব্যবস্থায় মূল্যবোধ:- শিক্ষা ব্যবস্থায় নৈতিক শিক্ষা এবং সামাজিক মূল্যবোধ অন্তর্ভুক্ত করা।

★প্রেরণাদায়ী নীতি:- কর্মসংস্কৃতিকে উৎসাহিত করার মাধ্যমে নাগরিকদের পরিশ্রমী হতে উদ্বুদ্ধ করা।

★ ★কর্মসংস্থান ও দক্ষতা উন্নয়ন:-

★প্রশিক্ষণ কেন্দ্র:- কর্মশক্তির দক্ষতা উন্নয়নে আধুনিক প্রশিক্ষণ কেন্দ্র স্থাপন।

★কর্মসংস্থান সৃষ্টি:- উন্নয়ন প্রকল্প ও উদ্যোক্তা উন্নয়নের মাধ্যমে কর্মসংস্থান বাড়ানো।

★উদ্যোগে উৎসাহ:- ব্যবসা-বাণিজ্য এবং ক্ষুদ্র উদ্যোক্তাদের জন্য সহজ ঋণ প্রক্রিয়া ও প্রণোদনা দেওয়া।

★ ★সামাজিক উন্নয়ন ও একতা:-

সমাজিক সমতা:- বৈষম্য দূর করে সমতা ও সামাজিক ন্যায়বিচার প্রতিষ্ঠা।

সাম্প্রদায়িক সম্প্রীতি:- ধর্ম-বর্ণ নির্বিশেষে জাতিগত সম্প্রীতি ও একতা রক্ষা।

সচেতনতা বৃদ্ধি:- সমাজের বিভিন্ন স্তরে সচেতনতা কর্মসূচি পরিচালনা।

★ ★আইনশৃঙ্খলা রক্ষা:-

নিরাপদ পরিবেশ:- সামাজিক স্থিতিশীলতা ও শৃঙ্খলার মাধ্যমে কর্মের স্বাধীনতা নিশ্চিত করা।

★দুর্নীতি দমন:- প্রশাসন ও রাজনীতিতে দুর্নীতি নির্মূল করা।

★আদর্শ সমাজ গঠন:- অপরাধ প্রবণতা হ্রাসের জন্য কঠোর আইন প্রণয়ন এবং এর যথাযথ বাস্তবায়ন।

★ ★নম্রতা ও ভদ্রতা প্রসার:-

★সংস্কৃতি চর্চা:- শিল্প, সাহিত্য, এবং সংস্কৃতির প্রসারের মাধ্যমে নাগরিকদের আচরণকে উন্নত করা।

★ **পরিবারমূল্য:-** পারিবারিক শিক্ষার মাধ্যমে নম্রতা এবং ভদ্রতার প্রসার।

★ **রাজনৈতিক নম্রতা:-** রাজনৈতিক প্রতিপক্ষের প্রতি শ্রদ্ধাশীল আচরণ প্রদর্শন।

 প্রাতিষ্ঠানিক কাঠামোর শক্তিশালীকরণ

সুশাসন প্রতিষ্ঠা:- সুশাসন নিশ্চিত করার জন্য রাজনৈতিক প্রতিষ্ঠানের দায়িত্বশীলতা বাড়ানো।

স্বচ্ছ প্রশাসন:- সরকারি কাজে স্বচ্ছতা নিশ্চিত করে নাগরিক আস্থা বৃদ্ধি।

★ ★ **পরিবেশ ও স্বাস্থ্য**

★ **পরিবেশ সচেতনতা:-** পরিবেশ রক্ষায় সচেতনতা তৈরি এবং পরিবেশবান্ধব নীতিমালা প্রণয়ন।

★ **স্বাস্থ্যসেবা:-** জনগণের শারীরিক ও মানসিক স্বাস্থ্যের উন্নয়ন।

★ ★ **আন্তর্জাতিক সহযোগিতা:-**

★ **শিক্ষা ও প্রশিক্ষণ:-** আন্তর্জাতিক মানের শিক্ষা ও প্রশিক্ষণ নিশ্চিত করা।

★ **উন্নত প্রযুক্তির ব্যবহার:-** উন্নত প্রযুক্তি ও উদ্ভাবনী চিন্তার মাধ্যমে জাতির দক্ষতা বাড়ানো।

★ **প্রেরণাদায়ী নীতি গ্রহণ:-**

★ **উদ্যোগ ও পরিশ্রমের স্বীকৃতি:-** পরিশ্রমী এবং দক্ষ নাগরিকদের জন্য পুরস্কার ব্যবস্থা।

★ **তরুণদের নেতৃত্ব:-** তরুণদের রাজনীতিতে অন্তর্ভুক্ত করে নতুন দৃষ্টিভঙ্গি তৈরি।

★ ★ **গণতান্ত্রিক মূল্যবোধ:-**

★ **গণতান্ত্রিক শিক্ষা:-** নাগরিকদের মধ্যে গণতান্ত্রিক চেতনা ও মত প্রকাশের স্বাধীনতার চর্চা।

★ **সামাজিক আন্দোলন:-** সমাজের সার্বিক উন্নয়নের জন্য গণতান্ত্রিক আন্দোলনকে উৎসাহিত করা।

উপসংহার:-পরিশ্রমী, দক্ষ, নম্র, এবং ভদ্র জাতি গঠনের জন্য আগামীর রাজনীতির প্রধান লক্ষ্য হবে সুশাসন, নৈতিকতা, এবং কার্যকর নীতি প্রণয়ন। নেতাদের আদর্শিক ভূমিকা, সামাজিক উন্নয়ন, এবং অর্থনৈতিক সমৃদ্ধি নিশ্চিত করার মাধ্যমে এ লক্ষ্য অর্জন সম্ভব।

২৫তম অধ্যায়

সুন্দর সাবলীল গঠন মূলক একটি বাংলাদেশ বিনির্মাণের জন্য আগামীর বাংলাদেশের রাজনীতি কেমন ভূমিকা রাখতে পারেআলোচনা করুন।

সুন্দর, সাবলীল, এবং গঠনমূলক বাংলাদেশ বিনির্মাণের জন্য আগামীর রাজনীতি অত্যন্ত গুরুত্বপূর্ণ ভূমিকা পালন করতে পারে। রাজনীতির মাধ্যমে দেশের অর্থনৈতিক, সামাজিক, এবং রাজনৈতিক স্থিতিশীলতা নিশ্চিত করা সম্ভব, যা একটি উন্নত ও প্রগতিশীল জাতি গঠনের জন্য অপরিহার্য। বাংলাদেশের ভবিষ্যৎ রাজনীতি যদি নিম্নোক্ত কিছু মৌলিক দিকের উপর ভিত্তি করে পরিচালিত হয়, তবে তা একটি সুন্দর ও সমৃদ্ধ বাংলাদেশ গঠনে সহায়ক হবে।

★ **গণতান্ত্রিক চর্চার বিকাশ ও শক্তিশালীকরণ:-**আগামীর রাজনীতি এমন হতে হবে, যা গণতান্ত্রিক মূল্যবোধকে মজবুত করে।

সুষ্ঠু ও স্বচ্ছ নির্বাচন, আইন ও বিচার বিভাগের স্বাধীনতা, এবং জনগণের মতামতকে প্রাধান্য দিয়ে একটি কার্যকর গণতান্ত্রিক ব্যবস্থা তৈরি করতে হবে। জনগণের মতামত ও দাবি রাজনৈতিক প্রক্রিয়ায় অন্তর্ভুক্ত হলে, সরকারের নীতি ও সিদ্ধান্তে জনগণের অংশগ্রহণ বাড়বে এবং একটি স্থিতিশীল সমাজ গড়ে উঠবে।

★ **শিক্ষা ও সচেতনতার উপর গুরুত্বারোপ:**-রাজনীতির মাধ্যমে এমন শিক্ষানীতি গ্রহণ করা উচিত, যা দেশের জনগণকে সুশিক্ষিত ও সচেতন করে তোলে। শিক্ষা একটি জাতির উন্নয়নের মূল ভিত্তি, তাই মানসম্মত ও সবার জন্য সহজলভ্য শিক্ষার ব্যবস্থা নিশ্চিত করতে হবে। ভবিষ্যৎ রাজনীতি এমন হতে হবে, যা বিজ্ঞান, প্রযুক্তি, এবং মানবিক শিক্ষাকে সমন্বিতভাবে উন্নত করতে সহায়ক হবে, যাতে দেশের জনশক্তি দক্ষ এবং প্রতিযোগিতামূলক হয়ে উঠতে পারে।

★ **আইনের শাসন ও ন্যায়বিচারের সুনিশ্চয়তা:**-আইনের শাসন ও ন্যায়বিচার একটি দেশের উন্নয়নের জন্য অপরিহার্য। আগামীর রাজনীতি এমন হওয়া উচিত, যেখানে আইনের প্রতি শ্রদ্ধা, অপরাধ দমন, এবং ন্যায়বিচারের সঠিক প্রয়োগ নিশ্চিত করা হয়। দুর্নীতি, ক্ষমতার অপব্যবহার, এবং রাজনৈতিক পক্ষপাতিত্ব দূর করতে শক্তিশালী ও স্বচ্ছ আইন প্রয়োগের ব্যবস্থা থাকা উচিত, যাতে জনগণের আস্থা বাড়ে।

★ **দুর্নীতিমুক্ত প্রশাসন ও স্বচ্ছতা:**-দুর্নীতিমুক্ত প্রশাসন একটি উন্নত দেশ গঠনের জন্য অত্যন্ত জরুরি। আগামীর রাজনীতিতে দুর্নীতির বিরুদ্ধে কঠোর পদক্ষেপ এবং প্রশাসনের স্বচ্ছতা নিশ্চিত করা উচিত। সরকারি কর্মকর্তাদের কার্যক্রম স্বচ্ছ এবং জবাবদিহিতামূলক হওয়া প্রয়োজন, যাতে জনগণের মধ্যে আস্থা ও বিশ্বাস তৈরি হয়।

★ **অর্থনৈতিক সমতা ও অন্তর্ভুক্তিমূলক উন্নয়ন:**-রাজনীতির মাধ্যমে এমন একটি অর্থনৈতিক ব্যবস্থা গড়ে তুলতে হবে, যা সবার জন্য সমান সুযোগ নিশ্চিত করে। ধনী ও দরিদ্রের মধ্যকার বৈষম্য কমিয়ে দরিদ্র জনগোষ্ঠীর ক্ষমতায়ন, কর্মসংস্থান বৃদ্ধি, এবং অর্থনৈতিক স্থিতিশীলতা নিশ্চিত করতে হবে। কৃষি, শিল্প, এবং প্রযুক্তিখাতে এমন উন্নয়নমূলক নীতি গ্রহণ করতে হবে, যা দেশের অর্থনৈতিক ভিতকে শক্তিশালী করে এবং দীর্ঘমেয়াদে সমৃদ্ধির পথে এগিয়ে নিয়ে যায়।

★ **পরিবেশ সুরক্ষা ও টেকসই উন্নয়ন:**-আগামীর রাজনীতিকে টেকসই উন্নয়নের জন্য পরিকল্পিত হতে হবে, যাতে পরিবেশগত ভারসাম্য বজায় থাকে। জলবায়ু পরিবর্তন মোকাবিলা, বন সংরক্ষণ, এবং পরিবেশবান্ধব নীতি গ্রহণের মাধ্যমে একটি পরিবেশবান্ধব দেশ গড়া সম্ভব। শিল্পায়ন এবং অর্থনৈতিক উন্নয়নের পাশাপাশি পরিবেশের সুরক্ষা নিশ্চিত করতে হবে, যাতে ভবিষ্যৎ প্রজন্মের জন্য একটি বাসযোগ্য বাংলাদেশ তৈরি হয়।

★ **নারী ও যুবসমাজের ক্ষমতায়ন:**-আগামীর রাজনীতি এমন হওয়া উচিত, যা নারী ও যুবসমাজকে ক্ষমতায়ন করে। নারীর অধিকার ও লিঙ্গ সমতা নিশ্চিত করতে হবে এবং তাদের জন্য শিক্ষা ও কর্মসংস্থানের সুযোগ বৃদ্ধি করতে হবে। একই সঙ্গে তরুণদের জন্য নেতৃত্বের সুযোগ তৈরি করে, তাদের উদ্ভাবনী শক্তি ও সৃজনশীলতাকে কাজে লাগিয়ে দেশকে এগিয়ে নিয়ে যাওয়ার পরিকল্পনা করতে হবে।

★ **রাজনৈতিক সহনশীলতা ও ঐক্যবদ্ধতা:**-একটি শান্তিপূর্ণ ও উন্নত বাংলাদেশ গঠনের জন্য রাজনৈতিক সহনশীলতা অপরিহার্য। ভিন্নমত গ্রহণযোগ্যতার সংস্কৃতি এবং পারস্পরিক শ্রদ্ধা বজায় রেখে, দলীয় বিভেদ দূর করে দেশের সার্বিক উন্নয়নে ঐক্যবদ্ধভাবে কাজ করতে হবে। রাজনৈতিক মতবিরোধ থাকলেও তা সহিংসতা বা সমাজে বিভাজন তৈরি না করে গঠনমূলক আলোচনার মাধ্যমে সমাধান করতে হবে।

★ **সুশাসন ও জবাবদিহিতা:**-সুশাসন প্রতিষ্ঠা এবং সরকারের কার্যক্রমে জবাবদিহিতা নিশ্চিত করার জন্য রাজনীতিকে একটি শক্তিশালী কাঠামো তৈরি করতে হবে। সরকারের প্রতিটি পর্যায়ে জনস্বার্থের প্রতি প্রতিশ্রুতি বজায় রেখে কাজ করতে হবে, যাতে জনগণের আস্থা অর্জন করা যায়। সুশাসন থাকলে দেশ পরিচালনা আরও কার্যকর হয় এবং দীর্ঘমেয়াদে উন্নয়নের ধারা অব্যাহত থাকে।

★ **আন্তর্জাতিক সম্পর্ক ও কূটনীতি:**-একটি উন্নত বাংলাদেশ গঠনের জন্য আন্তর্জাতিক সম্পর্ক ও কূটনৈতিক দিকগুলোতে মনোযোগী হতে হবে। আঞ্চলিক ও বৈশ্বিক পরিসরে বাণিজ্য, বিনিয়োগ, এবং কূটনৈতিক সম্পর্ক উন্নত করে দেশের অর্থনীতিকে শক্তিশালী করা সম্ভব। এক্ষেত্রে, বিশেষত প্রতিবেশী দেশগুলো এবং বৈশ্বিক সংস্থার সঙ্গে সুসম্পর্ক গড়ে তোলা গুরুত্বপূর্ণ।

উপসংহার:-সুতরাং, আগামীর বাংলাদেশের রাজনীতি যদি গণতন্ত্র, সুশাসন, ন্যায়বিচার, এবং অন্তর্ভুক্তিমূলক উন্নয়নের উপর ভিত্তি করে পরিচালিত হয়, তবে একটি সুন্দর, গঠনমূলক এবং সমৃদ্ধ বাংলাদেশ গড়া সম্ভব হবে।

২৬. গনতন্ত্র বলতে আমরা কি বুঝি? বাংলাদেশের মানুষের গনতান্ত্রিক অধিকার সুনিশ্চিত করনে আগামীর রাজনীতি কি ধরনের ভূমিকা রাখতে পারে বিস্তারিত আলোচনা করুন।

গণতন্ত্র বলতে আমরা বুঝি এমন একটি রাজনৈতিক ব্যবস্থা, যেখানে রাষ্ট্রের সব সিদ্ধান্ত জনগণের ইচ্ছা ও মতামতের ভিত্তিতে নেওয়া হয়। এ ব্যবস্থায় জনগণই সার্বভৌম ক্ষমতার অধিকারী। তারা সরাসরি বা পরোক্ষভাবে প্রতিনিধির মাধ্যমে দেশের শাসনব্যবস্থায় অংশগ্রহণ করে। গণতান্ত্রিক ব্যবস্থায় আইনের শাসন, ন্যায়বিচার, স্বচ্ছতা, জবাবদিহিতা, মানবাধিকারের সুরক্ষা এবং মত প্রকাশের স্বাধীনতা গুরুত্ব পায়। এটি বহুদলীয় ব্যবস্থা, যেখানে বিভিন্ন দল এবং মতামত সহাবস্থান করতে পারে এবং ক্ষমতার ভারসাম্য রক্ষা করা হয়।

★ ★ **গণতন্ত্রের মূল বৈশিষ্ট্য:-**

★ **নির্বাচনের মাধ্যমে সরকার গঠন:-** জনগণের সরাসরি অংশগ্রহণে নিরপেক্ষ ও সুষ্ঠু নির্বাচন অনুষ্ঠিত হয়।

★ **আইনের শাসন:-** সবার জন্য আইন সমানভাবে প্রয়োগ হয়, এবং কেউই আইনের ঊর্ধ্বে নয়।

★ **বাকস্বাধীনতা ও মত প্রকাশের অধিকার:-** জনগণ তাদের মতামত প্রকাশ করতে স্বাধীন, এবং বিভিন্ন মতাদর্শের মধ্যে পারস্পরিক সহাবস্থান সম্ভব।

★ **বিরোধী দলের ভূমিকা-** বিরোধী দল সরকারের কর্মকাণ্ডের সমালোচনা ও বিশ্লেষণ করতে পারে এবং প্রয়োজনীয় চ্যালেঞ্জ উথাপন করতে পারে।

★ **মানবাধিকার সংরক্ষণ:-** জনগণের মৌলিক অধিকার ও স্বাধীনতা সুরক্ষিত থাকে, যেমন ধর্মীয় স্বাধীনতা, রাজনৈতিক স্বাধীনতা, ও অর্থনৈতিক স্বাধীনতা।

বাংলাদেশের গণতান্ত্রিক অধিকার সুনিশ্চিতকরণে আগামীর রাজনীতির ভূমিকা:- বাংলাদেশের গণতান্ত্রিক অধিকার সুরক্ষার জন্য আগামীর রাজনীতিতে বেশ কিছু মৌলিক ও গুরুত্বপূর্ণ পদক্ষেপ নিতে হবে, যা গণতন্ত্রের ভিত্তি মজবুত করতে সহায়ক হবে। এই পদক্ষেপগুলো বিশদভাবে আলোচনা করা হলো:-

★ ★ **সুষ্ঠু ও নিরপেক্ষ নির্বাচন নিশ্চিতকরণ:-**

★ **স্বাধীন নির্বাচন কমিশন:-** একটি স্বাধীন ও শক্তিশালী নির্বাচন কমিশন তৈরি করতে হবে, যা রাজনৈতিক প্রভাবমুক্ত থেকে নির্বাচনী প্রক্রিয়া পরিচালনা করবে। এর ফলে জনগণের সুষ্ঠু ও নিরপেক্ষ ভোটাধিকার প্রয়োগ সম্ভব হবে।

★ **ইলেকট্রনিক ভোটিং:-** নির্বাচন প্রক্রিয়া আধুনিকীকরণের মাধ্যমে ইলেকট্রনিক ভোটিং ব্যবস্থা চালু করা যেতে পারে, যা ভোটারদের নিরাপদ এবং সহজভাবে ভোট প্রদানের সুযোগ সৃষ্টি করবে।

নির্বাচনী সহিংসতা রোধ:- নির্বাচনের সময় সহিংসতা, চাঁদাবাজি, এবং ভোট জালিয়াতি রোধে কঠোর আইন প্রণয়ন ও কার্যকর বাস্তবায়ন করা প্রয়োজন।

★ ★ **আইনের শাসন ও বিচার বিভাগের স্বাধীনতা:-** স্বাধীন বিচার ব্যবস্থা: বিচার বিভাগকে রাজনৈতিক প্রভাবমুক্ত রাখা এবং তা স্বাধীনভাবে কাজ করতে দেওয়া গণতান্ত্রিক অধিকার সংরক্ষণের জন্য অত্যন্ত জরুরি। এটি আইনের শাসন প্রতিষ্ঠায় সহায়ক হবে এবং বিচারবহির্ভূত হত্যাকাণ্ড, গুম ইত্যাদি সমস্যার সমাধান করবে।

★ **দুর্নীতি দমন:-** দুর্নীতি দমন কমিশনকে আরও শক্তিশালী ও স্বাধীন করা প্রয়োজন, যাতে রাষ্ট্রের উচ্চস্তর থেকে তৃণমূল পর্যন্ত

দুর্নীতি প্রতিরোধ করা যায়। এতে গণতান্ত্রিক শাসনের স্বচ্ছতা ও জবাবদিহিতা বাড়বে।

★★**বাকস্বাধীনতা ও মতপ্রকাশের স্বাধীনতা নিশ্চিতকরণ:**-গণমাধ্যমের স্বাধীনতা: একটি স্বাধীন গণমাধ্যম ব্যবস্থা নিশ্চিত করতে হবে, যেখানে সাংবাদিকরা নিঃশঙ্কভাবে মত প্রকাশ করতে পারবেন। এটি সরকার ও জনগণের মধ্যে সেতুবন্ধনের কাজ করবে এবং জনগণের অধিকারের প্রতি সচেতনতা সৃষ্টি করবে।

★**মতাদর্শের বহুমুখিতা:-** ভিন্নমত পোষণকে সম্মান করতে হবে এবং সব রাজনৈতিক দল ও মতাদর্শকে সহাবস্থানের সুযোগ দিতে হবে। এতে রাজনৈতিক সহনশীলতা বাড়বে এবং সামাজিক শান্তি বজায় থাকবে।

★★**বিরোধী দলের কার্যকর ভূমিকা নিশ্চিতকরণ:**-বিরোধী দলের সম্মানজনক অবস্থান: বিরোধী দলগুলোর সমালোচনা ও পরামর্শকে মূল্যায়ন করতে হবে। সরকারের ভুলগুলো চিহ্নিত করতে বিরোধী দলকে সুযোগ দেওয়া এবং তাদের পরামর্শ আমলে নেওয়া গণতান্ত্রিক শাসনকে শক্তিশালী করবে।

★**গঠনমূলক বিতর্ক ও আলোচনা:-** সংসদ ও অন্যান্য রাজনৈতিক ফোরামে গঠনমূলক বিতর্ক ও আলোচনা হওয়া প্রয়োজন, যা নীতি নির্ধারণে সহায়ক হবে এবং জাতীয় স্বার্থে সঠিক সিদ্ধান্ত নেওয়া যাবে।

★★**মানবাধিকার সংরক্ষণ ও ন্যায়বিচার প্রতিষ্ঠা:**-মানবাধিকার কমিশন শক্তিশালীকরণ: জাতীয় মানবাধিকার কমিশনকে আরও স্বাধীন ও কার্যকর করতে হবে, যাতে তারা নির্যাতিতদের ন্যায়বিচার নিশ্চিত করতে পারে এবং মানবাধিকার লঙ্ঘনের ঘটনাগুলো তদন্ত করতে পারে।

নারী ও সংখ্যালঘুদের অধিকার রক্ষা- নারীদের এবং জাতিগত, ধর্মীয় সংখ্যালঘুদের অধিকার রক্ষার জন্য আইনি ও সামাজিক পদক্ষেপ গ্রহণ করতে হবে। তাদের অংশগ্রহণের সুযোগ সৃষ্টি করলে দেশের সামগ্রিক উন্নয়নে গুরুত্বপূর্ণ ভূমিকা রাখবে।

★★**নাগরিক অংশগ্রহণ ও সিদ্ধান্ত গ্রহণে অংশগ্রহণ নিশ্চিতকরণ:**-স্থানীয় সরকারকে শক্তিশালী করা: স্থানীয় সরকারকে শক্তিশালী করতে হবে, যাতে তৃণমূল পর্যায়ের জনগণ তাদের এলাকার উন্নয়ন কার্যক্রমে অংশ নিতে পারে এবং স্থানীয় সমস্যাগুলো দ্রুত সমাধান করা যায়।

নাগরিক ফোরাম: নাগরিকদের জন্য বিভিন্ন ধরনের ফোরাম গঠন করা যেতে পারে, যেখানে তারা তাদের মতামত ও চাহিদাগুলো উপস্থাপন করতে পারবে এবং সরকারের নীতি নির্ধারণে প্রভাব ফেলবে।

★**শিক্ষা ও সচেতনতা বৃদ্ধি:-**গণতান্ত্রিক শিক্ষা: তরুণ প্রজন্মকে গণতান্ত্রিক মূল্যবোধ ও অধিকার সম্পর্কে শিক্ষিত করতে হবে। শিক্ষাপ্রতিষ্ঠানে গণতন্ত্র, আইনের শাসন, এবং মানবাধিকারের গুরুত্ব সম্পর্কে সচেতনতা তৈরি করতে হবে।

★**সিভিক এডুকেশন:-** নাগরিকদের মধ্যে গণতন্ত্র ও তাদের অধিকারের প্রতি সচেতনতা বৃদ্ধি করতে সিভিক এডুকেশন প্রোগ্রাম চালু করা যেতে পারে। এটি জনগণের মধ্যে সচেতন ভোটার তৈরি করবে এবং গণতান্ত্রিক প্রক্রিয়ায় সক্রিয়ভাবে অংশগ্রহণে উৎসাহিত করবে।

★★**শান্তিপূর্ণ রাজনৈতিক পরিবেশ ও সহিংসতা রোধ:-**রাজনৈতিক সহনশীলতা ও সৌহার্দ্য: রাজনীতিবিদদের মধ্যে সহনশীলতা ও পারস্পরিক সৌহার্দ্য বাড়ানোর উদ্যোগ নিতে হবে। রাজনৈতিক সহিংসতা, হানাহানি, এবং হিংস্রতা কমানোর জন্য রাজনৈতিক নেতাদের মধ্যে সংলাপের সংস্কৃতি গড়ে তুলতে হবে।

★**সহিংসতার বিরুদ্ধে কঠোর আইন:-** নির্বাচনী সহিংসতা, রাজনৈতিক সন্ত্রাসবাদ, এবং চাঁদাবাজি বন্ধে কঠোর আইন প্রণয়ন ও বাস্তবায়ন করতে হবে। এটি গণতান্ত্রিক প্রক্রিয়াকে শান্তিপূর্ণ রাখতে সহায়ক হবে।

★★**নাগরিক সমাজের ভূমিকা বৃদ্ধি:-**নাগরিক সমাজের সক্রিয় ভূমিকা: নাগরিক সমাজের সংগঠনগুলোকে গণতান্ত্রিক প্রক্রিয়ায় আরও সক্রিয় ভূমিকা রাখতে হবে। তারা সরকারের কর্মকাণ্ডের পর্যবেক্ষণ ও সমালোচনা করতে পারবে এবং জনগণের স্বার্থ সংরক্ষণে কাজ করবে।

★**নাগরিক অধিকার রক্ষা:-** নাগরিকদের মৌলিক অধিকার রক্ষায় সক্রিয় নাগরিক সমাজ গঠন করা প্রয়োজন। এর মাধ্যমে গণতন্ত্রকে শক্তিশালী করা যাবে এবং জনগণের অধিকার নিশ্চিত করা সম্ভব হবে।

★★**অর্থনৈতিক ন্যায়বিচার ও সুশাসন নিশ্চিতকরণ:-**দারিদ্র্য বিমোচন ও কর্মসংস্থান সৃষ্টি: গণতান্ত্রিক সরকার দারিদ্র্য বিমোচন এবং কর্মসংস্থান সৃষ্টি করতে নীতি প্রণয়ন করবে। অর্থনৈতিক বৈষম্য কমাতে এবং সমৃদ্ধি আনতে গণতান্ত্রিকভাবে পরিচালিত অর্থনৈতিক নীতি গুরুত্বপূর্ণ।

★ উন্নয়ন পরিকল্পনার স্বচ্ছতা:- দেশের আর্থিক ও অবকাঠামোগত উন্নয়নে স্বচ্ছতা নিশ্চিত করা হবে। উন্নয়ন প্রকল্পগুলোতে দুর্নীতি মুক্ত পরিবেশ বজায় রেখে জনগণের কল্যাণে অর্থের সুষ্ঠু ব্যবহার নিশ্চিত করতে হবে।

উপসংহার:- গণতন্ত্র জনগণের অধিকার সুরক্ষা, সুশাসন প্রতিষ্ঠা, এবং জনগণের মৌলিক অধিকার নিশ্চিত করনে ভুমিকা রাখে।

২৭. বাংলাদেশের আগামীর রাজনীতিতে গণতন্ত্রের ভুমিকা কি হতে পারে বিস্তারিত আলোচনা করুন।

বাংলাদেশের আগামীর রাজনীতিতে গণতন্ত্রের ভূমিকা অত্যন্ত গুরুত্বপূর্ণ হতে পারে। গণতন্ত্র একটি রাষ্ট্রের রাজনৈতিক ব্যবস্থা এবং শাসন প্রক্রিয়ায় জনগণের সক্রিয় অংশগ্রহণ নিশ্চিত করে। গণতন্ত্রের কার্যকর চর্চা দেশের সুশাসন, উন্নয়ন, এবং স্থিতিশীলতা নিশ্চিত করতে সহায়তা করে। বাংলাদেশের ভবিষ্যৎ রাজনীতিতে গণতন্ত্রের ভূমিকা কিভাবে প্রভাব ফেলতে পারে, তা নিচে বিস্তারিত আলোচনা করা হলো:-

★ ★ জনগণের অংশগ্রহণ নিশ্চিতকরণ:-

★ নির্বাচনের মাধ্যমে নেতৃত্ব নির্বাচন:- গণতন্ত্রের মূল ভিত্তি হলো জনগণ তাদের পছন্দের প্রতিনিধিকে নির্বাচন করতে পারে। সুষ্ঠু ও নিরপেক্ষ নির্বাচনের মাধ্যমে জনগণের মতামত ও ইচ্ছার প্রতিফলন ঘটানো হবে। এর মাধ্যমে জনগণ সরকারের সিদ্ধান্ত গ্রহণে সরাসরি ভূমিকা রাখতে পারবে।

★ স্বচ্ছ ও জবাবদিহিমূলক সরকার:- গণতন্ত্রের মাধ্যমে গঠিত সরকার জনগণের কাছে জবাবদিহি থাকবে। নির্বাচিত সরকারকে নিয়মিতভাবে জনগণের চাহিদা ও সমস্যার সমাধানে কাজ করতে হবে। জনগণের সঙ্গে রাজনৈতিক দল ও সরকার উন্মুক্তভাবে যোগাযোগ রক্ষা করবে।

★ ★ আইনের শাসন ও ন্যায়বিচার প্রতিষ্ঠা:-

★ আইনের শাসন নিশ্চিত করা:- গণতন্ত্রের মাধ্যমে শাসনব্যবস্থা পরিচালিত হলে আইন সবার জন্য সমানভাবে প্রয়োগ হবে। এতে করে দুর্নীতি, সন্ত্রাস, এবং চাঁদাবাজি নিয়ন্ত্রণ সহজ হবে। সকল নাগরিক আইন মেনে চলবে এবং সরকারও ন্যায্যতার ভিত্তিতে দেশ পরিচালনা করবে।

★ বিচার বিভাগের স্বাধীনতা:- গণতন্ত্রের সঠিক চর্চা বিচার বিভাগের স্বাধীনতা নিশ্চিত করে। বিচার বিভাগ রাজনৈতিক প্রভাবমুক্ত থেকে কাজ করতে পারলে মানবাধিকার লঙ্ঘন, গুম, বিচারবহির্ভূত হত্যা ইত্যাদি সমস্যাগুলো সমাধান করা সম্ভব হবে।

★ ★ মানবাধিকার ও মৌলিক অধিকার সংরক্ষণ:-

★ মানবাধিকার সুরক্ষা:- গণতন্ত্রের মাধ্যমে জনগণের মৌলিক অধিকারগুলো যেমন, বাকস্বাধীনতা, মত প্রকাশের স্বাধীনতা, ধর্মীয় স্বাধীনতা এবং সমান অধিকার নিশ্চিত হবে। প্রতিটি নাগরিক তার অধিকার নিয়ে নিরাপদে বাস করতে পারবে।

★ **মৌলিক সেবা প্রদান:-** গণতন্ত্রে নাগরিকদের জন্য স্বাস্থ্যসেবা, শিক্ষা, খাদ্য, এবং বাসস্থানসহ মৌলিক সেবাগুলো নিশ্চিত করা হয়। এসব ক্ষেত্রে বৈষম্য কমে যাবে এবং সরকার সকল নাগরিকের সমান সুযোগ ও সুবিধা নিশ্চিত করতে কাজ করবে।

★ ★ **বিরোধী দলের ভূমিকা ও রাজনৈতিক সহনশীলতা:-**

★ **বিরোধী দল ও গণমাধ্যমের স্বাধীনতা:-** গণতান্ত্রিক ব্যবস্থায় বিরোধী দলকে সরকার গঠন ও পরিচালনায় গঠনমূলক ভূমিকা পালন করতে দেয়া হয়। এটি সরকারের ক্ষমতার ভারসাম্য রক্ষা করে এবং রাজনৈতিক সহনশীলতা বৃদ্ধি করে। একইভাবে, স্বাধীন গণমাধ্যমের ভূমিকা গণতন্ত্রে গুরুত্বপূর্ণ, যা সরকার ও জনগণের মধ্যে সেতুবন্ধনের কাজ করে।

★ **গঠনমূলক সমালোচনা ও সংলাপ:-** গণতন্ত্রে বিরোধী মতামতকে সম্মান দিয়ে গঠনমূলক সমালোচনার সুযোগ থাকে। সংলাপের মাধ্যমে রাজনৈতিক সমস্যা সমাধান করা হয়। এই সহনশীল পরিবেশ দেশকে স্থিতিশীল রাখতে সহায়ক।

★ ★ **সুশাসন ও দুর্নীতি দমন:-**

★ **সুশাসনের উন্নয়ন:-** গণতান্ত্রিক শাসনব্যবস্থায় সুশাসন নিশ্চিত করা সম্ভব হয়। নৈতিকতা ও স্বচ্ছতার ভিত্তিতে সরকার পরিচালিত হলে প্রশাসনিক ও অর্থনৈতিক কার্যক্রমে জবাবদিহিতা নিশ্চিত হবে। এতে করে দুর্নীতির পরিমাণ কমে যাবে।

★ **দুর্নীতির বিরুদ্ধে কঠোর ব্যবস্থা:-** গণতন্ত্রের চর্চা দুর্নীতি দমন এবং স্বচ্ছতা বৃদ্ধি করতে সহায়ক হবে। গণতান্ত্রিক সরকার জনগণের কল্যাণে কাজ করবে এবং দুর্নীতিগ্রস্ত কর্মকর্তাদের বিরুদ্ধে কঠোর ব্যবস্থা নেবে।

★ ★ **শান্তি ও স্থিতিশীলতা বজায় রাখা:-**

★ **সহিংসতা কমানো:-** গণতান্ত্রিক শাসনব্যবস্থায় শান্তিপূর্ণ উপায়ে রাজনৈতিক মতবিরোধ সমাধান করা হয়। সহিংসতা, চাঁদাবাজি, সন্ত্রাসবাদ, এবং অন্যান্য অপরাধমূলক কর্মকাও নিয়ন্ত্রণে রাখা সহজ হবে।

★ **জাতীয় ঐক্য ও সহমর্মিতা:-** গণতান্ত্রিক ব্যবস্থায় জাতীয় ঐক্য বজায় রাখা সহজ হয়। সমাজের সকল শ্রেণির মানুষকে ঐক্যবদ্ধ করে জাতীয় লক্ষ্য অর্জন করা সম্ভব হয়। এর মাধ্যমে একটি শক্তিশালী এবং স্থিতিশীল সমাজ গঠন করা সম্ভব।

★ ★ **প্রান্তিক জনগোষ্ঠীর উন্নয়ন:-**

★ **প্রান্তিক জনগোষ্ঠীর অংশগ্রহণ:-** গণতান্ত্রিক শাসনব্যবস্থায় সমাজের প্রান্তিক জনগোষ্ঠী, সংখ্যালঘু, নারী ও শিশুদের উন্নয়নে বিশেষ নজর দেওয়া হয়। তাদের মৌলিক অধিকার, নিরাপত্তা এবং অর্থনৈতিক উন্নয়নে সরকার সক্রিয় ভূমিকা পালন করে।

★ **সামাজিক ন্যায়বিচার:-** গণতন্ত্রের মাধ্যমে সামাজিক বৈষম্য কমিয়ে ন্যায্যতার ভিত্তিতে সম্পদ বণ্টন সম্ভব। এতে করে দরিদ্র, শ্রমিক, কৃষক, এবং নিম্নবিত্ত জনগণের জীবনযাত্রার মান উন্নত হয়।

★ ★ **তরুণদের সম্পৃক্ততা ও উন্নয়ন:-**

★ **তরুণদের রাজনীতিতে অংশগ্রহণ:-** গণতান্ত্রিক পরিবেশে তরুণদের রাজনৈতিক নেতৃত্বে আসার সুযোগ বৃদ্ধি পায়। তারা দেশ ও সমাজের পরিবর্তনে ভূমিকা রাখতে পারে। রাজনৈতিক সিদ্ধান্ত গ্রহণে তরুণদের অংশগ্রহণ নিশ্চিত হলে নতুন ধারণা ও উদ্ভাবনী চিন্তা দেশের উন্নয়নে সহায়তা করবে।

শিক্ষা ও কর্মসংস্থান:- গণতান্ত্রিক সরকার তরুণদের শিক্ষা, দক্ষতা উন্নয়ন, এবং কর্মসংস্থানের সুযোগ সৃষ্টিতে বিনিয়োগ করবে, যা দেশের অর্থনৈতিক অগ্রগতিতে গুরুত্বপূর্ণ ভূমিকা পালন করবে।

★ ★ **স্থানীয় শাসনব্যবস্থা ও বিকেন্দ্রীকরণ:-**

★ **স্থানীয় সরকারের ক্ষমতা বৃদ্ধি:-** গণতান্ত্রিক ব্যবস্থায় স্থানীয় সরকারের ক্ষমতা বৃদ্ধি করা যায়। এতে স্থানীয় সমস্যা দ্রুত সমাধান করা সম্ভব হবে। বিকেন্দ্রীকৃত শাসনব্যবস্থা দেশে গণতন্ত্রকে শক্তিশালী করবে এবং জনগণের প্রয়োজনীয় সেবা নিশ্চিত করবে।

★ **তৃণমূল পর্যায়ে সিদ্ধান্ত গ্রহণ:-** তৃণমূল পর্যায়ে জনমতের ভিত্তিতে সিদ্ধান্ত গ্রহণ করা সম্ভব হয় গণতান্ত্রিক ব্যবস্থায়। এতে জনগণ সরাসরি অংশ নিতে পারে এবং তাদের চাহিদা অনুযায়ী সেবা পেতে সক্ষম হয়।

★ ★ **উন্নয়ন ও টেকসই অর্থনীতি:-**

★ **অর্থনৈতিক উন্নয়নে ভূমিকা:-** গণতন্ত্রে অর্থনৈতিক সিদ্ধান্তগুলো জনগণের কল্যাণে নেয়া হয়। দীর্ঘমেয়াদী উন্নয়ন পরিকল্পনা গ্রহণের মাধ্যমে দেশের অর্থনৈতিক অগ্রগতি নিশ্চিত করা সম্ভব। গণতান্ত্রিক পরিবেশে বিনিয়োগের পরিবেশ উন্নত হয় এবং

ব্যবসা-বাণিজ্যে প্রবৃদ্ধি আসে।

★ টেকসই উন্নয়ন লক্ষ্য:- গণতান্ত্রিক সরকারগুলো টেকসই উন্নয়ন লক্ষ্য অর্জনে কাজ করে। দেশের কৃষি, শিল্প, পরিবেশ, শিক্ষা, এবং প্রযুক্তিতে দীর্ঘমেয়াদী পরিকল্পনা গ্রহণ করা হয়, যা দেশের সার্বিক উন্নয়নে সহায়ক হয়।

উপসংহার:- গণতন্ত্র বাংলাদেশের আগামীর রাজনীতিতে সুশাসন, ন্যায়বিচার, মানবাধিকার, এবং অর্থনৈতিক উন্নয়নের মাধ্যমে দেশের সার্বিক অগ্রগতিতে গুরুত্বপূর্ণ ভূমিকা পালন করতে পারে। জনগণের অংশগ্রহণ, স্বচ্ছতা, এবং ন্যায়বিচারের ভিত্তিতে একটি স্থিতিশীল এবং শক্তিশালী সমাজ গঠন করা সম্ভব হবে।

২৮তম অধ্যায়

২৮. গণতান্ত্রিক কাঠামো কে অত্যন্ত শক্ত এবং দৃঢ় করার জন্যে বাংলাদেশের সংসদীয় কাঠামো কেমন হওয়া উচিত বিস্তারিত আলোচনা করুন।

গণতান্ত্রিক কাঠামোকে শক্তিশালী এবং দৃঢ় করতে বাংলাদেশের সংসদীয় কাঠামো এমনভাবে সাজানো উচিত, যা দেশকে সঠিক নেতৃত্ব দিতে সক্ষম এবং গণতন্ত্রের মূল আদর্শ রক্ষা করতে পারে। এ কাঠামো জনমানুষের চাহিদা, ন্যায়বিচার, এবং সুশাসন নিশ্চিত করার ক্ষেত্রে গুরুত্বপূর্ণ ভূমিকা পালন করতে পারে। এখানে বাংলাদেশের সংসদীয় কাঠামো শক্তিশালী করার জন্য প্রস্তাবিত কিছু উপাদান নিয়ে বিস্তারিত আলোচনা করা হলো:-

★ নির্বাচন প্রক্রিয়া ও নির্বাচন কমিশনের স্বাধীনতা:- নির্বাচন কমিশনকে সম্পূর্ণ স্বাধীন এবং অরাজনৈতিক করা অত্যন্ত গুরুত্বপূর্ণ। এর মাধ্যমে নিরপেক্ষ নির্বাচনী প্রক্রিয়া নিশ্চিত হবে এবং রাজনৈতিক প্রভাব থেকে নির্বাচন মুক্ত থাকবে।প্রতিটি নির্বাচনকে সুষ্ঠু, অবাধ, এবং গ্রহণযোগ্য করার জন্য স্বচ্ছ নির্বাচন ব্যবস্থাপনা, প্রযুক্তিগত উন্নয়ন, এবং যথাযথ নিরাপত্তা ব্যবস্থা নিশ্চিত করা প্রয়োজন।নির্বাচনে প্রার্থীদের অবৈধ অর্থ ব্যয় এবং ভোট কেনা-বেচার প্রবণতা বন্ধ করতে কড়া আইন ও বিধি প্রণয়ন করা উচিত।

★ সংসদ সদস্যদের জবাবদিহিতা ও স্বচ্ছতা নিশ্চিতকরণ:- সংসদ সদস্যদের আচার-ব্যবহার এবং দায়িত্ব পালনে স্বচ্ছতা বজায় রাখার জন্য নির্দিষ্ট মানদও প্রণয়ন করতে হবে, যাতে তারা তাদের কাজের জন্য জনগণের কাছে জবাবদিহি করতে বাধ্য হন।সংসদে যোগদান, আইন প্রণয়ন, এবং তাদের কর্মস্থলের ওপর নজরদারি রাখা উচিত, যাতে তারা জনগণের আশা-আকাঙ্ক্ষার প্রতিফলন ঘটাতে পারেন।আইনসভায় সংসদ সদস্যদের সম্পদ ও দায়-দায়িত্বের ওপর নিয়মিত গণপ্রকাশনা নিশ্চিত করতে হবে।

★ মত প্রকাশের স্বাধীনতা এবং গণমাধ্যমের স্বাধীনতা:- সংসদীয় কাঠামোতে গণমাধ্যমের স্বাধীনতা নিশ্চিত করা জরুরি, যাতে তারা সরকার এবং সংসদ সদস্যদের কার্যকলাপ সম্পর্কে জনগণকে অবহিত করতে পারে।মত প্রকাশের স্বাধীনতা বজায় রাখতে গণমাধ্যমকে দমন বা সেন্সর করার প্রবণতা বন্ধ করতে হবে। এছাড়া, মিথ্যা বা বিভ্রান্তিকর তথ্য প্রচারের বিরুদ্ধে কঠোর ব্যবস্থা গ্রহণ করা যেতে পারে।সংসদে সরাসরি সম্প্রচার ব্যবস্থা চালু রেখে প্রতিটি আলোচনাকে জনগণের সামনে তুলে ধরা যেতে পারে, যাতে জনগণ তাদের প্রতিনিধিদের কার্যক্রম সম্পর্কে অবহিত থাকতে পারেন।

★ দলীয় হুইপ ও দলীয় নিয়ন্ত্রণ কমানো:- দলীয় হুইপ বা দলীয় নির্দেশনা প্রয়োগ কমানো উচিত, যাতে সংসদ সদস্যরা স্বাধীনভাবে জনগণের প্রতিনিধিত্ব করতে পারেন। তারা দলীয় চাপে পড়ে নয়, বরং জনগণের ইচ্ছার প্রতিফলন ঘটাতে সংসদে বক্তব্য রাখতে পারেন।এটি সংসদ সদস্যদের ব্যক্তিগত দায়িত্ববোধ এবং নৈতিকতার ওপর জোর দেবে এবং তাদের নীতিগত ও স্বাধীন মতামত প্রকাশে সহায়তা করবে।

★ স্বচ্ছ আইন প্রণয়ন প্রক্রিয়া এবং সক্রিয় সংসদীয় কমিটি:- সংসদীয় কমিটিগুলোর কাজ স্বচ্ছ ও সক্রিয় রাখা উচিত। প্রতিটি আইন প্রণয়নের আগে তার স্বচ্ছ সমীক্ষা ও বিশ্লেষণ করা উচিত এবং কমিটি যেন বিষয়টির গভীর বিচার বিশ্লেষণ করতে পারে। প্রতিটি কমিটিকে কার্যকরীভাবে কাজ করার জন্য তাদের কাজের উপর গণপ্রকাশনা থাকতে হবে। এছাড়া, নাগরিকদের মতামত বিবেচনায় রাখার জন্য একটি ওপেন হিয়ারিং ব্যবস্থা থাকতে পারে।

★ **সংশোধনী বা গণভোট প্রক্রিয়া প্রবর্তন:**-জনগণকে তাদের প্রয়োজন অনুযায়ী গুরুত্বপূর্ণ সংবিধান সংশোধন বা নতুন আইন প্রণয়নের জন্য গণভোট ব্যবস্থার মাধ্যমে সিদ্ধান্ত গ্রহণে অংশগ্রহণের সুযোগ দেওয়া উচিত।গণভোট প্রক্রিয়া প্রবর্তন করা গেলে জনগণ গুরুত্বপূর্ণ বিষয়ে মতামত প্রদান করতে পারবেন, যা গণতন্ত্রকে আরও শক্তিশালী করবে।

★ **বিচার বিভাগের স্বাধীনতা নিশ্চিতকরণ:**-সংসদীয় কাঠামোতে বিচার বিভাগকে স্বাধীন ও নিরপেক্ষ রাখা উচিত, যাতে তা সংসদ এবং সরকারের অন্য কোনো শাখার প্রভাবমুক্ত থাকে।এতে করে বিচার বিভাগ একটি নিরপেক্ষ বিচার ব্যবস্থা পরিচালনা করতে পারবে এবং আইনের শাসন বাস্তবায়ন নিশ্চিত করতে পারবে।

★ **স্থানীয় সরকারকে শক্তিশালী করা:**-সংসদের পাশাপাশি স্থানীয় সরকারকে ক্ষমতাবান করা জরুরি, যাতে স্থানীয় জনগণের সমস্যা সম্পর্কে সরাসরি সিদ্ধান্ত নেওয়া সম্ভব হয়।এটি সংসদ সদস্যদের কেন্দ্রীয় ভূমিকার ওপর নির্ভরতা কমাবে এবং প্রত্যেক অঞ্চলের নিজস্ব উন্নয়ন নিশ্চিত করবে।

★ **বিরোধীদল এবং সংখ্যালঘুদের অধিকার নিশ্চিতকরণ:**-সংসদে বিরোধীদলের ভূমিকা আরও জোরালো করে তুলতে হবে। সংসদে তাদের স্বাধীনভাবে মতামত প্রকাশের সুযোগ দিতে হবে, যাতে তারা সরকারের সমালোচনা এবং সঠিক সিদ্ধান্ত গ্রহণে ভূমিকা রাখতে পারেন।সংখ্যালঘুদের অধিকার নিশ্চিত করতে সংবিধানে সুনির্দিষ্ট নীতি থাকা উচিত এবং তা কার্যকর করার জন্য আইন ও ব্যবস্থাপনা থাকতে হবে।

★ **প্রশিক্ষণ এবং দক্ষতা উন্নয়ন:**-সংসদ সদস্যদের জন্য সুশাসন, আইন প্রণয়ন, এবং জনকল্যাণমূলক কার্যক্রম সম্পর্কে প্রশিক্ষণের ব্যবস্থা থাকতে হবে। এতে তাদের দক্ষতা বাড়বে এবং জনসেবা আরও উন্নত হবে।নির্বাচিত প্রতিনিধি হিসেবে দায়িত্ব পালন করতে হলে সংসদ সদস্যদের পেশাদারিত্ব ও দক্ষতা থাকা উচিত, যা দেশের উন্নয়নের জন্য সহায়ক।

উপসংহার:-বাংলাদেশের গণতান্ত্রিক কাঠামো শক্তিশালী করার জন্য সাংবিধানিক কাঠামো, নির্বাচন ব্যবস্থা, আইন প্রণয়ন প্রক্রিয়া এবং জবাবদিহিতার বিষয়গুলোতে বিশেষ নজর দেওয়া প্রয়োজন। স্বচ্ছ নির্বাচন, নিরপেক্ষ বিচার বিভাগ, শক্তিশালী বিরোধীদল, এবং স্বচ্ছতা নিশ্চিত করা গেলে গণতন্ত্রের ভিত্তি মজবুত হবে এবং একটি শক্তিশালী জাতীয় কাঠামো গড়ে উঠবে। রাজনৈতিক নেতারা যদি জনগণের আকাঙ্ক্ষা পূরণে প্রতিশ্রুতিবদ্ধ থাকেন এবং সুশাসনের জন্য কাজ করেন, তবে গণতন্ত্রের এই কাঠামো জাতির অগ্রগতি নিশ্চিত করতে অত্যন্ত গুরুত্বপূর্ণ ভূমিকা পালন করবে।

২৯.বাংলাদেশের মানুষের মৌলিক অধিকার সুনিশ্চিত করার জন্য আগামী রাজনীতি কি ধরনের ভূমিকা পালন করতে পারে বিস্তারিত আলোচনা করুন।

বাংলাদেশের মানুষের মৌলিক অধিকার সুনিশ্চিত করার জন্য আগামী রাজনীতি নানা দিক থেকে গুরুত্বপূর্ণ ভূমিকা পালন করতে পারে। মৌলিক অধিকার সুনিশ্চিত করা জাতির সামগ্রিক উন্নয়নের জন্য অপরিহার্য এবং এটি নাগরিকদের মানবিক মর্যাদা ও সম্মান নিশ্চিত করে। নিম্নে কিভাবে রাজনীতি এই ভূমিকা পালন করতে পারে তা বিস্তারিতভাবে আলোচনা করা হলো:-

★ ★আইনের শাসন ও সংবিধানের যথাযথ বাস্তবায়ন:-

★আইনের শাসন প্রতিষ্ঠা:- রাজনীতি আইনের শাসন প্রতিষ্ঠা এবং বাস্তবায়ন নিশ্চিত করতে পারে। সংবিধানের মৌলিক অধিকার সংক্রান্ত ধারা বাস্তবায়ন এবং আইনপ্রয়োগে স্বচ্ছতা আনতে হবে।

★সংবিধানের সুরক্ষা:- রাজনীতি সংবিধানিক অধিকার সুরক্ষায় একটি শক্তিশালী আইনগত কাঠামো তৈরি করতে পারে যা মৌলিক অধিকার লঙ্ঘনের বিরুদ্ধে কার্যকর ব্যবস্থা গ্রহণ করবে।

★ ★মানবাধিকার আইন ও নীতি প্রণয়ন:-

★মানবাধিকার আইন:- রাজনীতি মৌলিক মানবাধিকার সুরক্ষার জন্য বিশেষ আইন ও নীতি প্রণয়ন করতে পারে। এই আইনগুলোর মাধ্যমে নাগরিকদের স্বাধীনতা, সমতা, এবং নিরাপত্তা নিশ্চিত করা হবে।

★সচেতনতা বৃদ্ধি:-মানবাধিকার ও মৌলিক অধিকার সম্পর্কে জনগণের মধ্যে সচেতনতা বৃদ্ধি করতে রাজনীতি উদ্যোগ নিতে পারে।

★শিক্ষা ও সচেতনতা প্রোগ্রাম:-অধিকার শিক্ষা: রাজনীতি শিক্ষা ব্যবস্থায় মৌলিক অধিকার সম্পর্কে পাঠ অন্তর্ভুক্ত করতে পারে, যাতে নতুন প্রজন্ম তাদের অধিকার সম্পর্কে সচেতন হয়।

★জনগণের সচেতনতা:- মৌলিক অধিকার সম্পর্কে জনগণের সচেতনতা বৃদ্ধির জন্য প্রশিক্ষণ, সেমিনার, এবং ক্যাম্পেইন চালানো যেতে পারে।

★স্বাস্থ্যসেবা ও সামাজিক সুরক্ষা:- স্বাস্থ্যসেবা নিশ্চিতকরণ: রাজনীতি সকল নাগরিকের জন্য মৌলিক স্বাস্থ্যসেবা নিশ্চিত করতে পারে। স্বাস্থ্যসেবার মান উন্নয়ন এবং অভিগম্যতা বৃদ্ধি করতে হবে।

★সামাজিক সুরক্ষা:-অসহায় ও দরিদ্র জনগণের জন্য সামাজিক সুরক্ষা ব্যবস্থা গড়ে তুলতে রাজনীতি উদ্যোগ নিতে পারে, যেমন বিধবা ভাতা, পেনশন, এবং খাদ্য সহায়তা। **★ নিরাপত্তা ও আইন-শৃঙ্খলা:-** নিরাপত্তা নিশ্চিতকরণ: রাজনীতি নাগরিকদের নিরাপত্তা নিশ্চিত করতে কার্যকর আইন-শৃঙ্খলা বাহিনী এবং নিরাপত্তা ব্যবস্থার উন্নয়ন করতে পারে। নিরাপত্তা বাহিনীর প্রশিক্ষণ ও পেশাদারিত্ব বৃদ্ধি করা উচিত।

★অপরাধ দমন:- অপরাধমূলক কর্মকাণ্ড প্রতিরোধ এবং অপরাধীদের বিরুদ্ধে কঠোর ব্যবস্থা গ্রহণ করতে হবে।

★সামাজিক ন্যায় ও সমতা:- বৈষম্য রোধ: রাজনীতি সামাজিক বৈষম্য রোধ করতে পারে এবং সকল নাগরিকের জন্য সমান সুযোগ নিশ্চিত করতে উদ্যোগ নিতে পারে। নারী, শিশু, প্রতিবন্ধী, এবং অন্যান্য প্রান্তিক জনগণের অধিকার সুরক্ষা করা প্রয়োজন।

আইনগত সমতা:- সকল নাগরিকের জন্য সমান আইনি অধিকার নিশ্চিত করতে হবে। বৈষম্যপূর্ণ আইন এবং নীতি সংশোধন করতে হবে।

★ ★ মৌলিক অধিকার রক্ষা সংস্থা প্রতিষ্ঠা:-

★ অধিকার কমিশন:- রাজনীতি একটি স্বাধীন অধিকার কমিশন প্রতিষ্ঠা করতে পারে যা মৌলিক অধিকার লঙ্ঘনের বিরুদ্ধে তদন্ত করবে এবং প্রয়োজনীয় পদক্ষেপ গ্রহণ করবে।

★ নাগরিক সংস্থাগুলোর ভূমিকা:- মানবাধিকার ও মৌলিক অধিকার রক্ষায় নাগরিক সমাজ ও এনজিওগুলোর ভূমিকা সমর্থন করা উচিত।

প্রশাসনিক স্বচ্ছতা ও দুর্নীতি প্রতিরোধ

★ দুর্নীতি নির্মূল:- রাজনীতি প্রশাসনিক স্বচ্ছতা নিশ্চিত করতে এবং দুর্নীতি প্রতিরোধে কার্যকর ব্যবস্থা গ্রহণ করতে পারে। দুর্নীতির বিরুদ্ধে কঠোর আইন প্রণয়ন ও কার্যকরী বাস্তবায়ন জরুরি।

স্বচ্ছ প্রশাসন:- প্রশাসনিক কার্যক্রমে স্বচ্ছতা বৃদ্ধি এবং নাগরিকদের প্রতি জবাবদিহিতা নিশ্চিত করতে হবে।

★ ★ অর্থনৈতিক সুযোগ ও উন্নয়ন:-

★ অর্থনৈতিক উন্নয়ন:- রাজনীতি জনগণের জন্য অর্থনৈতিক সুযোগ বৃদ্ধি করতে এবং কর্মসংস্থান সৃষ্টির উদ্যোগ নিতে পারে। অর্থনৈতিক উন্নয়নের মাধ্যমে মৌলিক অধিকার অর্জন সহজতর হবে।

অর্থনৈতিক সাম্য:- রাজনীতি অর্থনৈতিক সাম্য নিশ্চিত করতে এবং আয় বৈষম্য কমাতে বিভিন্ন পদক্ষেপ গ্রহণ করতে পারে।

★ ★ জনগণের অংশগ্রহণ ও প্রতিনিধিত্ব:-

নাগরিক অংশগ্রহণ:- রাজনীতি জনগণের অংশগ্রহণ নিশ্চিত করতে পারে। জনগণের মতামত ও অভিযোগ শোনার জন্য কার্যকর ব্যবস্থা গ্রহণ করতে হবে।

প্রতিনিধিত্ব নিশ্চিতকরণ:- নির্বাচনী ব্যবস্থা ও রাজনীতিতে সবার অংশগ্রহণ নিশ্চিত করতে হবে যাতে মৌলিক অধিকার সংক্রান্ত বিষয়ে সকলের প্রতিনিধিত্ব থাকে।

উপসংহার:- এই পদক্ষেপগুলো গ্রহণ করে রাজনীতি বাংলাদেশের মানুষের মৌলিক অধিকার সুনিশ্চিত করতে পারে এবং একটি ন্যায়সঙ্গত ও উন্নত সমাজ গঠনে সহায় করতে পারে।

৩০. বাংলাদেশের সকল নাগরিকদের সমান অধিকার আদায়ে আগামীর রাজনীতি কি ধরনের ভূমিকা পালন করতে পারে বিস্তারিত আলোচনা করুন।

সকল নাগরিকের সমান অধিকার নিশ্চিত করতে আগামীর রাজনীতির ভূমিকা অত্যন্ত গুরুত্বপূর্ণ। একটি দেশ তখনই প্রকৃত উন্নতির পথে এগিয়ে যেতে পারে, যখন তার সকল নাগরিক ন্যায্য অধিকার ও সুযোগ-সুবিধা পাবে। আগামীর রাজনীতিতে সমান অধিকার প্রতিষ্ঠায় কিছু উল্লেখযোগ্য পদক্ষেপ ও নীতি গ্রহণ করা যেতে পারে, যা সমাজে ন্যায়বিচার, সাম্য, এবং মানবাধিকারের সুরক্ষা নিশ্চিত করবে। নিচে এই ধরনের কিছু পদক্ষেপ তুলে ধরা হলো:-

★ **গণতান্ত্রিক মূল্যবোধের চর্চা:** গণতান্ত্রিক সমাজে সকল নাগরিকের সমান অধিকার ও মর্যাদা অপরিহার্য। আগামীর রাজনীতিতে গণতান্ত্রিক মূল্যবোধের চর্চা বাড়াতে হবে এবং প্রত্যেক নাগরিকের মতামতকে সমান গুরুত্ব দিতে হবে। জনগণের ভোটাধিকার এবং গণতান্ত্রিক প্রক্রিয়ায় সক্রিয় অংশগ্রহণ নিশ্চিত করতে হবে।

★ **সাংবিধানিক অধিকার রক্ষা:-** সাংবিধানিকভাবে প্রতিটি নাগরিকের অধিকার ও স্বাধীনতা সুরক্ষিত করতে হবে। সংবিধানে নাগরিক অধিকার সংক্রান্ত বিধানগুলোকে শক্তিশালী করে সকলের জন্য সমান অধিকার নিশ্চিত করতে হবে। বিশেষ করে, প্রান্তিক ও সংখ্যালঘু জনগোষ্ঠীর অধিকার রক্ষায় বিশেষ উদ্যোগ গ্রহণ করতে হবে।

★ **আইনের শাসন প্রতিষ্ঠা:-** আইনের শাসন নিশ্চিত করা একটি রাষ্ট্রের ন্যায়বিচার এবং সমান অধিকার প্রতিষ্ঠার মূল ভিত্তি। আগামীর রাজনীতিতে আইনের শাসন প্রতিষ্ঠা করতে হবে, যেখানে প্রত্যেক নাগরিকের জন্য আইন সমানভাবে প্রযোজ্য হবে। এতে প্রভাবশালী ব্যক্তি বা গোষ্ঠী বিশেষ সুবিধা পাবে না এবং দরিদ্র বা প্রান্তিক জনগোষ্ঠী বঞ্চিত হবে না।

★ **সামাজিক বৈষম্য দূরীকরণ:-** আগামীর রাজনীতিতে সামাজিক বৈষম্য দূর করতে কার্যকর পদক্ষেপ নিতে হবে। নারীর অধিকার, ধর্মীয় সংখ্যালঘুদের অধিকার, আদিবাসী জনগোষ্ঠীর অধিকার, এবং প্রতিবন্ধী ব্যক্তিদের জন্য বিশেষ ব্যবস্থা গ্রহণ করতে হবে, যাতে সমাজের সকল অংশের মানুষ সমান সুযোগ পায় এবং সমাজে সমতা প্রতিষ্ঠিত হয়।

★ **শিক্ষা ও স্বাস্থ্যসেবায় সমান সুযোগ:-** সমান অধিকার নিশ্চিত করার জন্য সবার জন্য মানসম্মত শিক্ষা এবং স্বাস্থ্যসেবার ব্যবস্থা করতে হবে। শিক্ষার সুযোগ, স্বাস্থ্যসেবার প্রবেশযোগ্যতা এবং সামাজিক সুরক্ষার ক্ষেত্রে বৈষম্য দূর করতে সরকারকে নীতি গ্রহণ করতে হবে। বিশেষ করে গ্রামীণ ও দরিদ্র জনগোষ্ঠীর জন্য শিক্ষা এবং স্বাস্থ্যসেবার সুযোগ বাড়াতে হবে।

★ **নারীর ক্ষমতায়ন ও অধিকার:-** সমাজে নারীদের সমান অধিকার নিশ্চিত করা অত্যন্ত গুরুত্বপূর্ণ। আগামীর রাজনীতিতে নারী অধিকারকে অগ্রাধিকার দিয়ে নারীর প্রতি বৈষম্য, সহিংসতা, এবং নির্যাতন বন্ধে কার্যকর ব্যবস্থা নিতে হবে। নারীর শিক্ষা, কর্মসংস্থান, এবং রাজনৈতিক অংশগ্রহণ বাড়ানোর মাধ্যমে নারীর ক্ষমতায়ন নিশ্চিত করতে হবে।

★ **বৈষম্যহীন শ্রমবাজার নিশ্চিত করা:-** শ্রমবাজারে বৈষম্য দূর করতে রাজনৈতিক উদ্যোগ নেওয়া জরুরি। শ্রমিকদের সমান বেতন, কর্মস্থলে নিরাপত্তা, এবং ন্যায়বিচার নিশ্চিত করতে শ্রম আইন কঠোরভাবে প্রয়োগ করতে হবে। সকল শ্রমিক, বিশেষ

করে নারী, সংখ্যালঘু এবং প্রান্তিক জনগোষ্ঠীর শ্রমিকদের সমান সুযোগ দিতে হবে।

★ **বেকারত্ব দূরীকরণ ও কর্মসংস্থানের সমান সুযোগ:-** বেকারত্ব দূর করতে এবং কর্মসংস্থানের সমান সুযোগ নিশ্চিত করতে হবে। সরকারকে এমন নীতিমালা প্রণয়ন করতে হবে, যা সমাজের সকল শ্রেণি-পেশার মানুষের জন্য কর্মসংস্থানের সুযোগ তৈরি করবে। বিশেষ করে, তরুণদের জন্য নতুন নতুন কর্মক্ষেত্র এবং উদ্যোক্তা হিসেবে গড়ে ওঠার জন্য প্রণোদনা প্রদান করতে হবে।

★ **সম্প্রদায়ভিত্তিক বৈষম্য দূরীকরণ:-** ধর্ম, বর্ণ, ভাষা, বা জাতিগত পরিচয়ের ভিত্তিতে কোন বৈষম্য করা যাবে না। সমাজের সকল সম্প্রদায়ের মানুষের অধিকার রক্ষায় সরকারকে বিশেষ দৃষ্টি দিতে হবে এবং প্রান্তিক জনগোষ্ঠী বা সংখ্যালঘুদের জন্য ন্যায্য সুযোগ নিশ্চিত করতে হবে। এই ক্ষেত্রে সংবিধান এবং আইন অনুযায়ী সমান অধিকার প্রয়োগ করতে হবে।

★ **প্রান্তিক জনগোষ্ঠীর উন্নয়ন:-** প্রান্তিক জনগোষ্ঠী যেমন আদিবাসী, ক্ষুদ্র নৃগোষ্ঠী, এবং হিজড়া সম্প্রদায়ের জন্য বিশেষ ব্যবস্থা গ্রহণ করতে হবে। তাদের সামাজিক, অর্থনৈতিক, এবং রাজনৈতিক অধিকার রক্ষা করার জন্য সরকারকে কার্যকর পদক্ষেপ নিতে হবে এবং এদের জন্য শিক্ষা, স্বাস্থ্য, এবং কর্মসংস্থানের সুযোগ বাড়াতে হবে।

★ **বিচার ব্যবস্থার সহজলভ্যতা:-** সকল নাগরিকের জন্য ন্যায়বিচার নিশ্চিত করতে বিচার ব্যবস্থা সহজলভ্য করা জরুরি। দরিদ্র, অসহায়, এবং প্রান্তিক জনগোষ্ঠীর জন্য বিনামূল্যে বা স্বল্প খরচে আইনি সহায়তা প্রদান করতে হবে, যাতে তারা নিজেদের অধিকার রক্ষা করতে পারে এবং ন্যায়বিচার পায়।

★ **রাজনৈতিক ও ভোটাধিকার নিশ্চিতকরণ:-** নাগরিকদের সমান ভোটাধিকার নিশ্চিত করতে হবে এবং সকলের জন্য ভোট দেওয়ার অধিকার সহজলভ্য করতে হবে। প্রত্যেক নাগরিককে অবাধ ও সুষ্ঠু নির্বাচনের মাধ্যমে তার মতামত প্রকাশের সুযোগ দিতে হবে এবং ভোটাধিকার চর্চার ক্ষেত্রে কোনরূপ বৈষম্য বা বাধা থাকতে পারবে না।

★ **বৈষম্য বিরোধী আইন প্রণয়ন:-** বৈষম্য বিরোধী আইন প্রণয়ন করে দেশের সকল শ্রেণি-পেশার মানুষের অধিকার রক্ষা করা সম্ভব। সকল ধরনের বৈষম্য, যেমন—লিঙ্গ, ধর্ম, বর্ণ, ভাষা, বা শারীরিক সক্ষমতার ভিত্তিতে বৈষম্যের বিরুদ্ধে কার্যকর আইন প্রয়োগ করতে হবে এবং এর লঙ্ঘনকারীদের বিরুদ্ধে কঠোর ব্যবস্থা নিতে হবে।

★ **অর্থনৈতিক সমতা প্রতিষ্ঠা:-** অর্থনৈতিক সমতা নিশ্চিত করতে দারিদ্র্য দূরীকরণ, আর্থিক সুযোগ-সুবিধা প্রদান, এবং সামাজিক সুরক্ষা বেষ্টনী তৈরি করতে হবে। ধনী-গরিবের ব্যবধান কমিয়ে অর্থনৈতিক সমতা প্রতিষ্ঠার লক্ষ্যে আয়ের সুষম বণ্টন এবং দারিদ্র্য বিমোচন কর্মসূচি জোরদার করতে হবে।

★ **সুশাসন ও দুর্নীতির বিরুদ্ধে জিরো টলারেন্স নীতি:-** সমান অধিকার নিশ্চিত করতে সুশাসন প্রতিষ্ঠা করতে হবে এবং দুর্নীতির বিরুদ্ধে জিরো টলারেন্স নীতি গ্রহণ করতে হবে। দুর্নীতি কমলে ন্যায্যতা ও স্বচ্ছতা বাড়বে, যা সকলের সমান অধিকার নিশ্চিত করবে।

★ **মানবাধিকার সংরক্ষণ ও সচেতনতা বৃদ্ধি:-** মানবাধিকার সংরক্ষণে রাজনৈতিক দলগুলোর কার্যকর ভূমিকা থাকা উচিত। মানবাধিকার লঙ্ঘনের বিরুদ্ধে কঠোর আইন প্রয়োগ করতে হবে এবং জনগণের মধ্যে মানবাধিকার সচেতনতা বৃদ্ধি করতে রাজনৈতিক দলগুলোর প্রচেষ্টা চালানো উচিত।

★ **ভূমি ও সম্পত্তি অধিকারে সমতা:-** ভূমি ও সম্পত্তির মালিকানায় সমান অধিকার নিশ্চিত করতে নীতিমালা গ্রহণ করা উচিত। বিশেষ করে, নারীর সম্পত্তির অধিকার এবং দরিদ্র মানুষের জমির মালিকানা নিশ্চিত করার জন্য রাজনৈতিক উদ্যোগ জরুরি।

উপসংহার:- সুতরাং, নাগরিকদের সমান অধিকার নিশ্চিত করার জন্য আগামীর রাজনীতিকে ন্যায়বিচার, সুশাসন, এবং মানবাধিকারের প্রতি শ্রদ্ধাশীল হতে হবে। সমাজের প্রত্যেকটি শ্রেণি-পেশার মানুষের সমান সুযোগ এবং ন্যায়সঙ্গত সুবিধা নিশ্চিত করলে একটি ন্যায়ভিত্তিক এবং সমৃদ্ধ সমাজ গঠন সম্ভব।

৩১.বাংলাদেশের সকল মানুষের ভোটাধিকার

সুনিশ্চিত করার জন্য আগামীর রাজনীতি কি ভাবে কাজ করতে পারে   বিস্তারিত আলোচনা করুন।

বাংলাদেশের সকল মানুষের ভোটাধিকার সুনিশ্চিত করার জন্য আগামীর রাজনীতি গুরুত্বপূর্ণ ভূমিকা পালন করতে পারে। সুষ্ঠু, অবাধ, এবং নিরপেক্ষ নির্বাচনের মাধ্যমে জনগণের ইচ্ছা ও আকাঙ্ক্ষা প্রতিফলিত হয়। এজন্য প্রয়োজন স্বচ্ছ নির্বাচনী ব্যবস্থা, কার্যকরী নির্বাচন কমিশন, রাজনৈতিক দলগুলোর দায়িত্বশীলতা এবং আইনগত ও প্রশাসনিক সংস্কার। নিচে এই বিষয়গুলো নিয়ে বিস্তারিত আলোচনা করা হলো:-

★ ★ স্বাধীন ও কার্যকরী নির্বাচন কমিশন:-

★ নির্বাচন কমিশনের স্বাধীনতা নিশ্চিতকরণ:- একটি কার্যকরী এবং নিরপেক্ষ নির্বাচন কমিশন ভোটাধিকার নিশ্চিত করতে বড় ভূমিকা রাখতে পারে। কমিশনকে রাজনৈতিক হস্তক্ষেপ মুক্ত রাখা জরুরি, যাতে তারা সুষ্ঠু ও অবাধ নির্বাচন পরিচালনা করতে পারে।

★ যোগ্য ও নিরপেক্ষ ব্যক্তিদের নিয়োগ:- নির্বাচন কমিশনের সদস্যদের যোগ্য, নিরপেক্ষ এবং অভিজ্ঞ ব্যক্তিদের মধ্য থেকে নির্বাচন করতে হবে। তাদের নির্বাচনী প্রক্রিয়া ও আইনের সঙ্গে পরিচিত এবং গণতন্ত্রের প্রতি দায়বদ্ধ হতে হবে।

★ ★ কারিগরি দক্ষতা বৃদ্ধি:- নির্বাচন কমিশনকে আধুনিক প্রযুক্তি ব্যবহার করে ভোটার তালিকা, ভোট গ্রহণ এবং ভোট গণনা প্রক্রিয়া আরও স্বচ্ছ ও নির্ভুল করার জন্য প্রশিক্ষণ দিতে হবে।

★ স্বচ্ছ ও সঠিক ভোটার তালিকা প্রস্তুত:- ডিজিটাল ভোটার তালিকা: সঠিক ও স্বচ্ছ ভোটার তালিকা তৈরির জন্য নির্বাচন কমিশনকে ডিজিটাল পদ্ধতি ব্যবহার করতে হবে। বায়োমেট্রিক এবং অন্যান্য আধুনিক প্রযুক্তি ব্যবহার করে ভোটারদের সঠিকভাবে নিবন্ধিত করা এবং ভোটার তালিকা আপডেট করা যেতে পারে।

★ ভোটার তালিকা নিয়মিত হালনাগাদ:- ভোটার তালিকায় সব যোগ্য নাগরিককে অন্তর্ভুক্ত করার জন্য নিয়মিত হালনাগাদ করা প্রয়োজন। তালিকায় মৃত ব্যক্তিদের নাম বাদ দেওয়া, নতুন ভোটারদের সংযুক্ত করা, এবং স্থানান্তরিত ভোটারদের স্থানান্তরিত করা গুরুত্বপূর্ণ।

★ ★ নির্বাচনী প্রক্রিয়ায় প্রযুক্তির ব্যবহার:-

★ ইভিএম (ইলেকট্রনিক ভোটিং মেশিন) ব্যবহার:- নির্বাচনী প্রক্রিয়াকে আরও স্বচ্ছ ও দ্রুত করার জন্য ইভিএম ব্যবহার করা যেতে পারে। এটি ভোট গণনার সময় ক্রটি ও জালিয়াতি কমাতে সহায়তা করবে।

★ ভোটারের গোপনীয়তা রক্ষা:- ভোটারদের গোপনীয়তা রক্ষার জন্য বিশেষ ব্যবস্থা নেওয়া উচিত, যাতে তারা ভয়ভীতি ছাড়াই ভোট দিতে পারে। আধুনিক প্রযুক্তি ব্যবহার করে ভোটারদের নিরাপত্তা নিশ্চিত করতে হবে।

★ ★ নিরাপত্তা ও আইন শৃঙ্খলা রক্ষা:-

★ নিরাপদ পরিবেশ নিশ্চিতকরণ:- নির্বাচনকালীন সময় আইন-শৃঙ্খলা রক্ষাকারী বাহিনীকে সক্রিয় রাখতে হবে, যাতে ভোটাররা নির্ভয়ে ভোট কেন্দ্রে যেতে পারে। সহিংসতা, হুমকি বা ভোটারদের ভয় দেখানোর প্রবণতা বন্ধ করতে হবে।

★ নিরপেক্ষ আইন শৃঙ্খলা বাহিনী:- নির্বাচনী প্রক্রিয়ায় কোনো ধরনের পক্ষপাতিত্ব এড়াতে আইন-শৃঙ্খলা রক্ষাকারী বাহিনীকে নিরপেক্ষ এবং স্বাধীনভাবে কাজ করতে হবে। তাদের ভোটারদের নিরাপত্তা নিশ্চিত করা এবং নির্বাচনকালীন শৃঙ্খলা বজায় রাখা অন্যতম দায়িত্ব হবে।

★ ★ রাজনৈতিক দলগুলোর দায়িত্বশীলতা:-

★ রাজনৈতিক দলগুলোর আচরণবিধি মেনে চলা: রাজনৈতিক দলগুলোকে নির্বাচনকালীন সময় আচরণবিধি মেনে চলতে হবে। সবার প্রতি সমান সুযোগ সৃষ্টি করতে হলে রাজনৈতিক দলগুলোর শিষ্টাচার এবং সহনশীলতার চর্চা জরুরি।

★ প্রচারণায় শৃঙ্খলা বজায় রাখা:- নির্বাচনী প্রচারণায় দায়িত্বশীল ভূমিকা রাখতে হবে, যেন জনগণের মতপ্রকাশের স্বাধীনতা অক্ষুণ্ন থাকে। প্রচারণায় সহিংসতা, ভয়ভীতি প্রদর্শন এবং কালো টাকা ব্যবহার বন্ধ করতে হবে।

★ ★ জনগণের সচেতনতা বৃদ্ধি ও গণতান্ত্রিক মূল্যবোধ জাগরণ:-

★ ভোটার সচেতনতা বৃদ্ধি:- ভোটারদের মধ্যে ভোটাধিকারের গুরুত্ব ও তাৎপর্য নিয়ে সচেতনতা বৃদ্ধি করতে হবে। রাজনৈতিক

নেতাদের এবং সামাজিক সংগঠনগুলোর মাধ্যমে জনগণকে ভোট দিতে উৎসাহিত করতে হবে।

★ **গণতান্ত্রিক চেতনা জাগরণ:-** জনগণের মধ্যে গণতান্ত্রিক মূল্যবোধ ও ভোটাধিকার সুরক্ষার জন্য কাজ করতে হবে। শিক্ষা ব্যবস্থায় গণতন্ত্র ও নাগরিক অধিকারের গুরুত্ব তুলে ধরতে হবে।

★ ★ **জালিয়াতি এবং দুর্নীতি প্রতিরোধ:-**

★ **ভোট জালিয়াতি প্রতিরোধে কড়াকড়ি ব্যবস্থা:-** ভোট জালিয়াতি প্রতিরোধের জন্য বিশেষ আইনি ব্যবস্থা গ্রহণ করা উচিত। যারা নির্বাচনী প্রক্রিয়ায় জালিয়াতির সঙ্গে জড়িত থাকবে, তাদের বিরুদ্ধে কঠোর শাস্তির বিধান করতে হবে।

★ **মনিটরিং ও পর্যবেক্ষণ ব্যবস্থা:-** নির্বাচনী প্রক্রিয়ায় স্বচ্ছতা আনতে পর্যবেক্ষকদের ভূমিকা অত্যন্ত গুরুত্বপূর্ণ। দেশীয় ও আন্তর্জাতিক পর্যবেক্ষকদের কার্যকর উপস্থিতি নিশ্চিত করতে হবে, যাতে নির্বাচন অবাধ ও সুষ্ঠু হয়।

★ ★ **অবাধ ও সমতাভিত্তিক নির্বাচন:-**

★ **সমান সুযোগ সৃষ্টি করা:** সব রাজনৈতিক দল এবং প্রার্থীর জন্য সমান সুযোগ নিশ্চিত করতে হবে, যেন তারা সুষ্ঠুভাবে প্রচারণা চালাতে পারে। ক্ষমতার অপব্যবহার বা সরকারি সংস্থার মাধ্যমে নির্বাচন প্রভাবিত করা যাবে না।

★ **নিরপেক্ষ মিডিয়া কভারেজ:-** মিডিয়াকে নিরপেক্ষ থাকতে হবে এবং সব প্রার্থী ও রাজনৈতিক দলের জন্য সমান প্রচার সুযোগ প্রদান করতে হবে। মিডিয়া যাতে কোনো ধরনের পক্ষপাতিত্ব না করে তা নিশ্চিত করতে হবে।

★ ★ **স্থানীয় সরকার ও প্রশাসনের ভূমিকা:-**

★ **প্রশাসনের নিরপেক্ষতা:-** স্থানীয় প্রশাসনকে নিরপেক্ষভাবে কাজ করতে হবে, যেন তারা নির্বাচন প্রক্রিয়ায় কোনো দল বা গোষ্ঠীকে সুবিধা না দেয়। প্রশাসনের দায়িত্ব হবে সুষ্ঠু ও নিরপেক্ষ নির্বাচন পরিচালনা করা।

★ **স্থানীয় নেতৃত্বের সক্রিয় অংশগ্রহণ:-** স্থানীয় পর্যায়ের রাজনৈতিক নেতাদেরও নির্বাচন প্রক্রিয়ায় সঠিকভাবে অংশগ্রহণ করতে হবে। তাদের উদ্যোগ জনগণকে সচেতন করতে এবং তাদের ভোটাধিকার সুরক্ষায় সহায়তা করবে।

★ ★ **বিচারব্যবস্থা ও নির্বাচনী বিরোধ নিষ্পত্তি:-**

★ **নির্বাচনী আদালতের কার্যকরী ভূমিকা:-** নির্বাচনী বিরোধ দ্রুত এবং সঠিকভাবে নিষ্পত্তির জন্য বিশেষ নির্বাচনী আদালত গঠন করতে হবে। আদালতকে নিরপেক্ষ ও স্বচ্ছ প্রক্রিয়ায় কাজ করতে হবে, যাতে নির্বাচনী অনিয়ম বা জালিয়াতির বিচার দ্রুত হয়।

★ **অভিযোগ নিষ্পত্তির ব্যবস্থা:-** ভোটার বা প্রার্থীরা কোনো অনিয়ম বা অভিযোগ করলে তা দ্রুত এবং কার্যকরভাবে তদন্ত করে ব্যবস্থা নিতে হবে, যাতে জনগণের ভোটাধিকারের প্রতি আস্থা থাকে।

উপসংহার:- ভোটাধিকারের সুরক্ষা এবং সুষ্ঠু নির্বাচনের জন্য আগামীর রাজনীতি নির্বাচন কমিশনের স্বাধীনতা, আইনশৃঙ্খলা রক্ষা, ভোটার সচেতনতা, রাজনৈতিক দলগুলোর দায়িত্বশীলতা, প্রযুক্তির ব্যবহার এবং জালিয়াতি প্রতিরোধের মাধ্যমে কাজ করতে পারে। এসব পদক্ষেপ নিশ্চিত করলে জনগণের ভোটাধিকার সুরক্ষিত হবে এবং গণতান্ত্রিক প্রক্রিয়া শক্তিশালী হবে।

৩২.বাংলাদেশের সার্বভৌমত্ব রক্ষায় আগামীর রাজনীতি কেমন ভূমিকা রাখতে পারে বিস্তারিত আলোচনা করুন।

বাংলাদেশের সার্বভৌমত্ব রক্ষা দেশের অস্তিত্ব, স্বাধীনতা, ও জাতীয় অখণ্ডতা রক্ষার জন্য গুরুত্বপূর্ণ। আগামীর রাজনীতিতে সার্বভৌমত্ব রক্ষা করার জন্য নানা ধরনের কৌশল ও ভূমিকা পালন করতে হবে, যা দেশের নিরাপত্তা, অর্থনীতি, এবং গণতন্ত্রকে সুসংহত করবে। নিচে বিস্তারিতভাবে আলোচনা করা হলো কীভাবে আগামীর রাজনীতি বাংলাদেশের সার্বভৌমত্ব রক্ষায় ভূমিকা রাখতে পারে:-

সুরক্ষা এবং প্রতিরক্ষা নীতি শক্তিশালীকরণ:-দেশের সার্বভৌমত্ব রক্ষার মূল ভিত্তি হলো প্রতিরক্ষা ব্যবস্থা শক্তিশালী করা। আগামীর রাজনীতিতে এমন নীতি গ্রহণ করতে হবে যাতে সেনাবাহিনী, নৌবাহিনী, বিমানবাহিনী, এবং অন্যান্য নিরাপত্তা বাহিনী আধুনিক অস্ত্রশস্ত্র এবং প্রযুক্তি দিয়ে সজ্জিত হয়। প্রতিরক্ষা খাতে বাজেট বৃদ্ধির পাশাপাশি বাহিনীগুলোর প্রশিক্ষণ, কৌশলগত দক্ষতা বৃদ্ধি, এবং আন্তর্জাতিক প্রতিরক্ষা অংশীদারিত্ব জোরদার করা জরুরি।

★ কূটনৈতিক সম্পর্ক জোরদার করা:-আন্তর্জাতিক সম্পর্ক ও কূটনীতির মাধ্যমে সার্বভৌমত্ব রক্ষা একটি গুরুত্বপূর্ণ দিক। আগামীর রাজনীতিতে কৌশলগতভাবে আন্তর্জাতিক সম্পর্ক আরও শক্তিশালী করা উচিত। প্রতিবেশী দেশগুলোসহ বৃহৎ শক্তিগুলোর সঙ্গে বন্ধুত্বপূর্ণ ও পরস্পর নির্ভরশীল সম্পর্ক গড়ে তুলতে হবে, যা আঞ্চলিক এবং বৈশ্বিক স্তরে বাংলাদেশকে সুরক্ষা দেবে। জাতিসংঘ, SAARC, OIC, WTO এর মতো আন্তর্জাতিক সংস্থাগুলোর সাথে বাংলাদেশের অংশগ্রহণ ও ভূমিকা জোরদার করতে হবে।

★অভ্যন্তরীণ স্থিতিশীলতা বজায় রাখা:-একটি দেশের সার্বভৌমত্ব রক্ষা করার জন্য অভ্যন্তরীণ স্থিতিশীলতা অপরিহার্য। রাজনৈতিক স্থিতিশীলতা বজায় রাখতে হবে এবং অস্থিরতা, সহিংসতা বা চরমপন্থী কার্যক্রম মোকাবেলা করতে হবে। জাতীয় সংহতি, আইন-শৃঙ্খলা রক্ষা, এবং সুশাসন নিশ্চিত করা আগামীর রাজনীতির অন্যতম প্রধান চ্যালেঞ্জ। রাজনৈতিক দলগুলোকে নিজেদের মধ্যে মতপার্থক্য থাকা সত্ত্বেও দেশ ও জনগণের স্বার্থে ঐক্যবদ্ধ থেকে কাজ করতে হবে।

★ জাতীয় নিরাপত্তা ও গোয়েন্দা সংস্থা শক্তিশালীকরণ:-দেশের নিরাপত্তা নিশ্চিত করার জন্য জাতীয় গোয়েন্দা সংস্থা এবং নিরাপত্তা বাহিনীকে আরও দক্ষ ও শক্তিশালী করতে হবে। অভ্যন্তরীণ ও বাহ্যিক যে কোনো হুমকি মোকাবেলা করার জন্য গোয়েন্দা তথ্য সংগ্রহ, সন্ত্রাসবাদ দমন, এবং সাইবার নিরাপত্তা ব্যবস্থা শক্তিশালী করা জরুরি। এ ক্ষেত্রে উন্নত প্রশিক্ষণ, প্রযুক্তিগত দক্ষতা, এবং তথ্য আদান-প্রদানের সুবিধা বাড়াতে হবে।

★অর্থনৈতিক শক্তি বৃদ্ধি:- অর্থনৈতিক স্বাধীনতা ও স্থিতিশীলতা সরাসরি সার্বভৌমত্বের সাথে জড়িত। বাংলাদেশের অর্থনৈতিক

উন্নয়নকে এমন পর্যায়ে নিয়ে যেতে হবে, যেখানে বহির্ভার বা অর্থনৈতিক চাপ কম থাকে। শিল্প, কৃষি, রফতানি, এবং প্রযুক্তি খাতে উন্নয়ন ঘটাতে হবে যাতে অর্থনৈতিকভাবে স্বাবলম্বী হওয়া যায়। বিশেষ করে বৈদেশিক ঋণ ও সাহায্যের ওপর নির্ভরশীলতা কমিয়ে আনার উদ্যোগ নিতে হবে।

★ প্রাকৃতিক সম্পদ রক্ষা ও ব্যবহার:-প্রাকৃতিক সম্পদ, বিশেষ করে সমুদ্র সম্পদ, খনিজ সম্পদ, গ্যাস এবং অন্যান্য প্রাকৃতিক উৎস দেশের সার্বভৌমত্বের সাথে যুক্ত। আগামীর রাজনীতিতে এই সম্পদগুলোর যথাযথ ব্যবহার নিশ্চিত করতে হবে এবং বিদেশি প্রভাব থেকে এসব সম্পদ রক্ষা করতে হবে। সম্পদ ব্যবহারে স্বচ্ছ নীতি গ্রহণ করতে হবে এবং স্থানীয় চাহিদা মেটানোর পাশাপাশি রফতানির মাধ্যমে আয় বাড়ানোর উদ্যোগ নিতে হবে।

★ সাইবার নিরাপত্তা ও তথ্যপ্রযুক্তির আধুনিকায়ন:- ডিজিটাল যুগে একটি দেশের সার্বভৌমত্ব রক্ষায় সাইবার নিরাপত্তা একটি অত্যন্ত গুরুত্বপূর্ণ দিক। আগামীর রাজনীতিতে তথ্যপ্রযুক্তি খাতকে আরও উন্নত ও সুরক্ষিত করতে হবে। ডিজিটাল অবকাঠামোকে সুরক্ষিত করতে এবং সাইবার আক্রমণ প্রতিরোধ করতে সক্ষম হতে হবে। এজন্য দক্ষ তথ্যপ্রযুক্তি কর্মী তৈরি এবং সাইবার সিকিউরিটি সিস্টেম প্রতিষ্ঠা করতে হবে।

★অধিকার ও ন্যায় বিচার নিশ্চিতকরণ:- জনগণের মৌলিক অধিকার ও ন্যায় বিচার নিশ্চিতকরণও একটি দেশের সার্বভৌমত্বের গুরুত্বপূর্ণ অংশ। আগামীর রাজনীতিতে আইনশৃঙ্খলা রক্ষা, মানবাধিকার সংরক্ষণ, এবং ন্যায় বিচার প্রতিষ্ঠার ক্ষেত্রে উন্নতি করতে হবে। যদি দেশের নাগরিকেরা তাদের অধিকার থেকে বঞ্চিত হয়, তাহলে দেশের ভেতরে অস্থিরতা বাড়ে যা সার্বভৌমত্বের ওপর প্রভাব ফেলে।

★বাহ্যিক শক্তির প্রভাব প্রতিরোধ:- বাহ্যিক শক্তির অযাচিত প্রভাব দেশের সার্বভৌমত্বের জন্য একটি বড় হুমকি হতে পারে। আগামীর রাজনীতিতে বহিরাগত হস্তক্ষেপ থেকে নিজেদের রক্ষা করার জন্য শক্তিশালী কূটনৈতিক ও প্রতিরক্ষা নীতি গ্রহণ করতে হবে। অন্য কোনো দেশের বা বহুজাতিক সংস্থার রাজনৈতিক বা অর্থনৈতিক চাপ থেকে দেশকে মুক্ত রাখতে হবে।

★মুক্ত বাণিজ্য এবং আন্তর্জাতিক সম্পর্ক উন্নয়ন:- বাণিজ্যিকভাবে সফল হওয়ার মাধ্যমে দেশকে অর্থনৈতিকভাবে আরও শক্তিশালী করা সম্ভব। বাংলাদেশকে বৈশ্বিক বাজারে আরও সক্রিয় অংশগ্রহণ করতে হবে এবং বহির্বিশ্বে রফতানি বাড়াতে হবে। বিশেষ করে অঞ্চলভিত্তিক বাণিজ্যিক সম্পর্ক যেমন ভারত, চীন, মিয়ানমার, এবং অন্যান্য প্রতিবেশী দেশের সঙ্গে বাণিজ্যিক সহযোগিতা বৃদ্ধি করতে হবে।

জনগণের সার্বিক উন্নয়ন:- দেশের সার্বভৌমত্ব রক্ষায় জনগণের আর্থসামাজিক উন্নয়ন অত্যন্ত গুরুত্বপূর্ণ। শিক্ষা, স্বাস্থ্যসেবা, কর্মসংস্থান, এবং সামাজিক নিরাপত্তা নিশ্চিত করতে হলে রাজনীতি সেই ধরনের কর্মসূচি গ্রহণ করতে হবে যা জনগণের জীবনমান উন্নয়নে সহায়ক হবে।

★জাতীয় ঐক্যের রাজনীতি:- সার্বভৌমত্ব রক্ষার জন্য জাতীয় ঐক্য অত্যন্ত গুরুত্বপূর্ণ। আগামীর রাজনীতিতে বিভাজনমূলক, হিংসাত্মক রাজনীতি পরিহার করে সবাইকে একত্রিত করে ঐক্যবদ্ধভাবে দেশকে এগিয়ে নেওয়ার উদ্যোগ নিতে হবে। রাজনৈতিক দলগুলোকে পার্থক্য থাকা সত্ত্বেও জাতীয় স্বার্থে একসঙ্গে কাজ করতে হবে।

শিক্ষা ও সচেতনতা বৃদ্ধি:- শিক্ষা ও সচেতনতা দেশের সার্বভৌমত্ব রক্ষায় গুরুত্বপূর্ণ ভূমিকা পালন করে। তরুণ প্রজন্মের মধ্যে দেশপ্রেম, ইতিহাসের প্রতি শ্রদ্ধা, এবং জাতীয় সংহতির গুরুত্ব বোঝাতে শিক্ষা ব্যবস্থাকে আরও উন্নত করতে হবে। শিক্ষার্থীদের রাজনৈতিক সচেতনতা এবং জাতীয়তাবাদী চেতনা জাগিয়ে তোলা হবে আগামীর রাজনীতির একটি গুরুত্বপূর্ণ দিক।

আঞ্চলিক সংঘাত এড়ানোর কৌশল:- প্রতিবেশী দেশগুলোর সাথে কোনো ধরনের সংঘাত বা বৈরিতা এড়ানোর জন্য কূটনৈতিকভাবে এবং শান্তিপূর্ণ আলোচনার মাধ্যমে সমাধান খোঁজা উচিত। আঞ্চলিক সহযোগিতার মাধ্যমে সীমান্ত সমস্যার সমাধান করা গেলে দেশের সার্বভৌমত্ব রক্ষা সহজতর হবে।

উপসংহার:- সার্বিকভাবে, আগামীর রাজনীতিতে কৌশলগত পরিকল্পনা, শক্তিশালী নেতৃত্ব, এবং জনমুখী নীতির মাধ্যমে বাংলাদেশের সার্বভৌমত্ব রক্ষা করা সম্ভব। দেশকে আঞ্চলিক এবং আন্তর্জাতিক পর্যায়ে আরও সুসংহত করে তোলা, আভ্যন্তরীণ স্থিতিশীলতা বজায় রাখা, এবং জনকল্যাণমূলক কাজ করার মাধ্যমে সার্বভৌমত্ব সুসংহত হবে।

৩৩.বাংলাদেশের বিরুদ্ধে বহির্বিশ্ব তথা পার্শ্ববর্তী রাষ্ট্রের সকল ষড়যন্ত্র মোকাবেলায় আগামীর রাজনীতি কিভাবে কাজ করতে পারে বিস্তারিত আলোচনা করুন।

বাংলাদেশের বিরুদ্ধে বহির্বিশ্ব তথা পার্শ্ববর্তী রাষ্ট্রের ষড়যন্ত্র মোকাবেলায় আগামীর রাজনীতি কীভাবে ভূমিকা রাখতে পারে তা নিয়ে একটি বিশদ আলোচনা করার আগে কিছু মূল বিষয় স্পষ্ট করা প্রয়োজন। বাংলাদেশ যেহেতু একটি ক্রমবর্ধমান অর্থনীতি ও ভূরাজনৈতিকভাবে গুরুত্বপূর্ণ দেশ, তাই আঞ্চলিক ও বৈশ্বিক শক্তিগুলো তার ওপর বিভিন্ন কৌশলগত ও রাজনৈতিক চাপ প্রয়োগের চেষ্টা করে। এই চাপ মোকাবেলায় বাংলাদেশের রাজনৈতিক নেতৃত্ব এবং কৌশলগত পরিকল্পনা অত্যন্ত গুরুত্বপূর্ণ।

★ **জাতীয় ঐক্য ও স্থিতিশীলতা:-** দেশের অভ্যন্তরীণ স্থিতিশীলতা বজায় রাখা বিদেশি ষড়যন্ত্র মোকাবেলায় প্রথম ও প্রধান শর্ত। যদি একটি দেশ অভ্যন্তরীণভাবে বিভক্ত থাকে, তবে বিদেশি শক্তির পক্ষে তার দুর্বলতাকে কাজ লাগানো সহজ হয়। এ কারণে রাজনৈতিক দলগুলোর মধ্যে সর্বদা জাতীয় স্বার্থে ঐক্য ও সহযোগিতার প্রয়োজন। জাতীয় সংহতি এবং ঐক্যের মাধ্যমে দেশের অভ্যন্তরীণ স্থিতিশীলতা নিশ্চিত করা হলে বিদেশি ষড়যন্ত্রকারীদের জন্য কাজ করা কঠিন হয়ে পড়ে।

★ **কূটনৈতিক শক্তিশালীকরণ:-** বাংলাদেশের জন্য শক্তিশালী কূটনৈতিক সম্পর্ক বজায় রাখা অত্যন্ত গুরুত্বপূর্ণ। বিশেষ করে প্রতিবেশী রাষ্ট্রগুলোর সাথে এবং অন্যান্য আঞ্চলিক শক্তির সাথে বন্ধুত্বপূর্ণ সম্পর্ক গড়ে তোলা জরুরি। কূটনীতির মাধ্যমে দ্বিপাক্ষিক এবং বহুপাক্ষিক সমঝোতা তৈরি করে যে কোনো ষড়যন্ত্রমূলক তৎপরতাকে প্রতিহত করা যায়। এছাড়া, বৈশ্বিক মঞ্চে বাংলাদেশকে আরও শক্তিশালী ভূমিকা রাখতে হবে, যেমন জাতিসংঘ বা অন্যান্য আন্তর্জাতিক সংস্থা।

★ **অর্থনৈতিক বিকাশ ও আত্মনির্ভরতা:-** অর্থনৈতিক দিক থেকে স্বাবলম্বী না হলে বিদেশি শক্তি সহজেই প্রভাব বিস্তার করতে পারে। এজন্য বাংলাদেশকে অভ্যন্তরীণ উৎপাদনশীলতা বৃদ্ধি, বৈদেশিক ঋণ কমানো এবং রপ্তানি বাড়ানোর উপর জোর দিতে হবে। জাতীয় সম্পদ এবং শিল্পখাতের সঠিক ব্যবস্থাপনার মাধ্যমে বাংলাদেশকে অর্থনৈতিকভাবে আরও শক্তিশালী করতে হবে।

★ **সামরিক সক্ষমতা বৃদ্ধি:-** বিদেশি ষড়যন্ত্র ও আক্রমণ মোকাবেলায় সামরিক সক্ষমতাও গুরুত্বপূর্ণ। বাংলাদেশের নিরাপত্তা বাহিনীকে আরও আধুনিক এবং প্রযুক্তিগতভাবে সক্ষম করতে হবে। পাশাপাশি, প্রতিরক্ষা খাতে গবেষণা ও উন্নয়নের উপর জোর দিয়ে স্বদেশি প্রতিরক্ষা প্রযুক্তির বিকাশ করা জরুরি।

★ **তথ্য ও প্রযুক্তিগত নিরাপত্তা:-** ডিজিটাল যুগে তথ্যের সঠিক ব্যবহার এবং তথ্যের সুরক্ষা বিদেশি ষড়যন্ত্র মোকাবেলায় অত্যন্ত গুরুত্বপূর্ণ। সাইবার নিরাপত্তা নিশ্চিত করা, ডিজিটাল মিডিয়া এবং সামাজিক যোগাযোগ মাধ্যমের উপর নজরদারি বৃদ্ধি, এবং প্রযুক্তিগতভাবে উন্নত নিরাপত্তা ব্যবস্থা গড়ে তোলা দেশকে বৈশ্বিক ষড়যন্ত্র থেকে রক্ষা করতে পারে।

গণমাধ্যম ও জনমত ব্যবস্থাপনা:- গণমাধ্যম এবং জনমতকে সঠিকভাবে ব্যবস্থাপনা করা অত্যন্ত গুরুত্বপূর্ণ। বিদেশি শক্তি অনেক সময় গণমাধ্যমের মাধ্যমে ভুল তথ্য ছড়িয়ে দিয়ে দেশের অভ্যন্তরে বিভ্রান্তি সৃষ্টি করে। এজন্য দেশের গণমাধ্যমকে সঠিক ও নির্ভুল তথ্য প্রদান করতে হবে এবং জনগণকে সজাগ রাখতে হবে যাতে তারা ষড়যন্ত্রের শিকার না হয়।

আঞ্চলিক ও বৈশ্বিক সহযোগিতা:- বাংলাদেশের রাজনীতি যদি আঞ্চলিক ও বৈশ্বিক সহযোগিতাকে গুরুত্ব দেয়, তবে বহির্বিশ্বের ষড়যন্ত্র মোকাবেলা করা সহজ হয়। যেমন, সার্ক (SAARC), বিমসটেক (BIMSTEC) ইত্যাদি আঞ্চলিক সহযোগিতামূলক সংস্থাগুলোর সাথে ঘনিষ্ঠ সম্পর্ক গড়ে তোলা এবং দেশগুলোর মধ্যে অর্থনৈতিক, সামাজিক, ও সামরিক সহযোগিতা বাড়ানো অত্যন্ত প্রয়োজন।

উপসংহার:- বাংলাদেশের বিরুদ্ধে বহির্বিশ্বের ষড়যন্ত্র মোকাবেলায় আগামীর রাজনীতির মূল ভূমিকা হবে জাতীয় ঐক্য, কূটনৈতিক শক্তি, অর্থনৈতিক স্বাবলম্বিতা, সামরিক প্রস্তুতি, তথ্যের সুরক্ষা, এবং আন্তর্জাতিক সহযোগিতার ওপর নির্ভরশীল। আধুনিক বিশ্বের চ্যালেঞ্জগুলো মোকাবেলায় দেশের রাজনীতি যদি এই সবগুলো বিষয়ের উপর জোর দেয়, তবে বহির্বিশ্বের ষড়যন্ত্র সহজেই প্রতিহত করা সম্ভব হবে।

৩৪. বাংলাদেশের সকল ধরনের জাতীয় স্বার্থ ও সার্বভৌমত্ব রক্ষায় সরকারী দল ও বিরোধী দলসহ সকল নাগরিকদের সমন্বয় করে আগামীর রাজনীতি কিভাবে কাজ করতে পারে বিস্তারিত আলোচনা করুন।

বাংলাদেশের জাতীয় স্বার্থ এবং সার্বভৌমত্ব রক্ষা করা জাতি হিসেবে আমাদের সকলের প্রধান দায়িত্ব। তবে এই কাজটি শুধুমাত্র সরকারি দলের নয়, বরং বিরোধী দল, সুশীল সমাজ, এবং প্রতিটি নাগরিকের অংশগ্রহণ ও সমন্বয় দ্বারা সফল হতে পারে। এজন্য আগামীর রাজনীতিতে কিছু মৌলিক পরিবর্তন এবং উদার গণতান্ত্রিক চর্চার প্রয়োজন রয়েছে, যাতে দলীয় বিভাজন কমিয়ে, জাতীয় ঐক্যের মাধ্যমে দেশের সার্বিক উন্নয়ন এবং সার্বভৌমত্ব রক্ষা করা যায়। নীচে এ বিষয়ে বিশদ আলোচনা করা হলো:

★ **জাতীয় স্বার্থকে অগ্রাধিকার দেওয়া:-** সকল রাজনৈতিক দলের প্রথম অঙ্গীকার হতে হবে জাতীয় স্বার্থকে ব্যক্তিগত বা দলীয় স্বার্থের ঊর্ধ্বে স্থান দেওয়া।

★ **বিরোধী দল ও সরকারের সংলাপ:-** রাজনৈতিক পার্থক্য থাকলেও জাতীয় স্বার্থে সরকার ও বিরোধী দলের মধ্যে নিয়মিত সংলাপ অনুষ্ঠিত হতে পারে। এ ধরনের আলোচনা জনগণের আস্থা তৈরি করবে এবং দলীয় বিভেদ কমাবে।

★ **নির্বাচনী প্রতিশ্রুতিতে জাতীয় স্বার্থ:-** নির্বাচনের সময় রাজনৈতিক দলগুলোর উচিত নির্বাচনী ইশতেহারে জাতীয় স্বার্থ ও সার্বভৌমত্ব রক্ষার প্রতিশ্রুতি রাখা এবং তা বাস্তবায়নের প্রতিশ্রুতি দেওয়া।

গণতান্ত্রিক প্রক্রিয়ায় সম্মিলিত অংশগ্রহণ:- বাংলাদেশের রাজনৈতিক কাঠামোতে গণতান্ত্রিক প্রক্রিয়ার মাধ্যমে সিদ্ধান্ত গ্রহণ করা গুরুত্বপূর্ণ। এটি জাতীয় ঐক্য গড়ে তোলার প্রধান মাধ্যম হতে পারে।

বিরোধী দলের ভূমিকা:- বিরোধী দলগুলোর উচিত গঠনমূলক সমালোচনা ও প্রস্তাবনা দেওয়া, যা দেশের সার্বিক স্বার্থে কাজ করবে। সরকারেরও উচিত বিরোধী দলগুলোর পরামর্শ এবং মতামত গুরুত্ব সহকারে বিবেচনা করা।

সংসদে সক্রিয় অংশগ্রহণ:- সরকারি দল ও বিরোধী দল উভয়কেই সংসদে উপস্থিত থাকতে হবে এবং জাতীয় স্বার্থ সংশ্লিষ্ট নীতিমালা নিয়ে আলোচনা করতে হবে। এ ধরনের সংসদীয় অংশগ্রহণ দলীয় ঐক্য তৈরি করতে সহায়ক হবে।

জাতীয় নিরাপত্তা ও সার্বভৌমত্ব রক্ষায় সম্মিলিত উদ্যোগ:- জাতীয় নিরাপত্তা এবং সার্বভৌমত্ব নিশ্চিত করার জন্য প্রতিটি দল এবং নাগরিককে একসঙ্গে কাজ করতে হবে।

জাতীয় নিরাপত্তা সংক্রান্ত বিষয়ে ঐক্য:-বিদেশি হুমকি বা আন্তঃদেশীয় সংঘাতের মতো গুরুত্বপূর্ণ নিরাপত্তা ইস্যুগুলোতে দলগুলোর মধ্যে রাজনৈতিক মতবিরোধ দূর করে জাতীয় ঐক্য গড়ে তুলতে হবে। সব দল মিলে একটি যৌথ কৌশল নির্ধারণ করলে দেশের সার্বভৌমত্ব রক্ষায় আরও ভালোভাবে কাজ করা সম্ভব হবে।

সুরক্ষা বাহিনীকে রাজনৈতিক প্রভাবমুক্ত রাখা: সামরিক এবং আইন শৃঙ্খলা বাহিনীকে রাজনৈতিক প্রভাবমুক্ত রেখে সার্বিক নিরাপত্তা রক্ষায় কাজ করার জন্য সমন্বিত উদ্যোগ নিতে হবে। এতে সুরক্ষা বাহিনী নিজেদের নিরপেক্ষভাবে জাতীয় স্বার্থে কাজ করতে পারবে।

★**প্রতিবেশী দেশের সঙ্গে সুসম্পর্ক বজায় রাখা:-** জাতীয় স্বার্থ এবং সার্বভৌমত্ব রক্ষায় আন্তর্জাতিক কূটনীতিতে গুরুত্বপূর্ণ ভূমিকা পালন করতে হয়। বাংলাদেশকে প্রতিবেশী দেশগুলোর সঙ্গে কৌশলগত ও কূটনৈতিক সম্পর্ক বজায় রাখতে হবে।

★**কূটনৈতিক ঐক্য:-** সরকারি এবং বিরোধী দল উভয়েরই উচিত আন্তর্জাতিক সম্পর্ক এবং বাণিজ্য নিয়ে একসঙ্গে কাজ করা। দেশের স্বার্থে সব রাজনৈতিক দল একত্রিত হয়ে বিদেশি কূটনৈতিক প্রচেষ্টায় কাজ করলে দেশ জাতীয় স্বার্থে লাভবান হবে।

★**আন্তর্জাতিক ফোরামে ঐক্যবদ্ধ অবস্থান:-** আন্তর্জাতিক ফোরামগুলোতে (যেমন, জাতিসংঘ, ওআইসি, সার্ক) বাংলাদেশকে ঐক্যবদ্ধভাবে উপস্থিত হতে হবে, যেখানে জাতীয় স্বার্থের প্রশ্নে সরকারের সঙ্গে বিরোধী দলও ঐক্যবদ্ধভাবে দেশের প্রতিনিধিত্ব করতে পারে।

★**সুশাসন ও দুর্নীতি দমন:-**জাতীয় স্বার্থ রক্ষার জন্য সুশাসন এবং দুর্নীতিমুক্ত প্রশাসন অপরিহার্য। দুর্নীতি দেশের সার্বভৌমত্ব এবং অর্থনৈতিক অগ্রগতিকে বাধাগ্রস্ত করে।

★**দলমত নির্বিশেষে দুর্নীতির বিরুদ্ধে লড়াই:-** সরকারি দল এবং বিরোধী দল উভয়েরই উচিত দুর্নীতির বিরুদ্ধে কঠোর অবস্থান নেওয়া এবং প্রশাসনকে স্বচ্ছ রাখা। একটি শক্তিশালী এবং সৎ রাজনৈতিক কাঠামো দেশের সার্বিক উন্নয়নে সহায়ক হবে।

★**স্বচ্ছতা ও জবাবদিহিতা নিশ্চিত করা:-** রাজনৈতিক দলের আর্থিক স্বচ্ছতা এবং সরকারি প্রকল্পগুলোর জবাবদিহিতা বাড়াতে হবে, যাতে দেশের সম্পদ সঠিকভাবে ব্যবহার করা যায় এবং জাতীয় স্বার্থের ক্ষতি না হয়।

সর্বজনীন শিক্ষা ও সচেতনতা বৃদ্ধি:- জাতীয় স্বার্থ এবং সার্বভৌমত্ব সম্পর্কে সচেতনতা বৃদ্ধির জন্য শিক্ষা এবং প্রচারণা অত্যন্ত গুরুত্বপূর্ণ।

★**শিক্ষা ব্যবস্থা আধুনিকীকরণ:-** পাঠ্যক্রমের মধ্যে জাতীয় স্বার্থ, সার্বভৌমত্ব, এবং নাগরিক দায়িত্ব সম্পর্কে শিক্ষার সংযোজন করতে হবে। তরুণ প্রজন্মকে দেশপ্রেম ও জাতীয় স্বার্থ রক্ষার বিষয়ে সচেতন করা হবে।

★**সর্বসাধারণের অংশগ্রহণ:-** গণমাধ্যম, সামাজিক মাধ্যম এবং বিভিন্ন সামাজিক ও সাংস্কৃতিক সংগঠনের মাধ্যমে সর্বস্তরের নাগরিকদের জাতীয় স্বার্থের গুরুত্ব সম্পর্কে সচেতন করা উচিত। এ ধরনের জনসচেতনতা বৃদ্ধি হলে জাতীয় ঐক্য আরও সুদৃঢ় হবে।

★**প্রযুক্তির ব্যবহার এবং উন্নয়ন:-** জাতীয় স্বার্থ রক্ষায় প্রযুক্তির ব্যবহার গুরুত্বপূর্ণ ভূমিকা পালন করতে পারে। জাতীয় নিরাপত্তা, অর্থনৈতিক উন্নয়ন, এবং প্রশাসনের স্বচ্ছতা বৃদ্ধির জন্য আধুনিক প্রযুক্তি ব্যবহারের প্রচার করা উচিত।

★**ডিজিটাল নিরাপত্তা ও সার্বভৌমত্ব রক্ষা:-** সাইবার নিরাপত্তা এবং ডিজিটাল ব্যবস্থাপনার মাধ্যমে জাতীয় তথ্য ও গোপনীয়তা রক্ষায় সব রাজনৈতিক দলকে একসঙ্গে কাজ করতে হবে।

★**প্রযুক্তিগত দক্ষতা বাড়ানো:** দেশে প্রযুক্তিগত দক্ষতা বৃদ্ধি এবং উদ্ভাবন উৎসাহিত করতে হলে রাজনৈতিক ঐক্য এবং দীর্ঘমেয়াদী কৌশল প্রয়োজন।

★**জ্বালানি, খাদ্য এবং পানির নিরাপত্তা:-** জাতীয় স্বার্থের গুরুত্বপূর্ণ অংশ হলো জ্বালানি, খাদ্য, এবং পানির নিরাপত্তা নিশ্চিত করা।

★**জ্বালানি কূটনীতি ও উদ্ভাবন:-** জ্বালানি নিরাপত্তা ও সঙ্কট মোকাবিলার জন্য সব রাজনৈতিক দলকে সমন্বিতভাবে কাজ

করতে হবে এবং নবায়নযোগ্য জ্বালানি উৎসের দিকে মনোনিবেশ করতে হবে।

খাদ্য উৎপাদন ও পরিবেশ সংরক্ষণ: দেশের কৃষি উৎপাদন বৃদ্ধি এবং পরিবেশ সংরক্ষণে সরকার ও বিরোধী দল যৌথভাবে কাজ করতে পারে, যাতে খাদ্য নিরাপত্তা নিশ্চিত করা যায় এবং ভবিষ্যৎ প্রজন্মের জন্য একটি টেকসই পরিবেশ রক্ষা করা যায়।

★ জাতীয় ঐক্যের মাধ্যমে সংকট মোকাবিলা:- জাতীয় ও আন্তর্জাতিক সংকট, যেমন প্রাকৃতিক দুর্যোগ, অর্থনৈতিক মন্দা, বা বৈশ্বিক মহামারির মতো পরিস্থিতিতে রাজনৈতিক দলগুলোকে ঐক্যবদ্ধভাবে সংকট মোকাবিলা করতে হবে।

★সংকট ব্যবস্থাপনা কমিটি:-বিভিন্ন রাজনৈতিক দল, বিশেষজ্ঞ, এবং প্রশাসনিক কর্মকর্তাদের নিয়ে একটি জাতীয় সংকট ব্যবস্থাপনা কমিটি গঠন করা যেতে পারে, যারা দেশের সংকটকালীন সময়ে সম্মিলিতভাবে কাজ করবে।

উপসংহার:-বাংলাদেশের জাতীয় স্বার্থ এবং সার্বভৌমত্ব রক্ষায় সরকারি দল, বিরোধী দল, এবং সাধারণ নাগরিকদের মধ্যে ঐক্যবদ্ধ প্রচেষ্টা অপরিহার্য। একটি দীর্ঘমেয়াদী এবং টেকসই রাজনৈতিক সংস্কৃতি গড়ে তোলার মাধ্যমে, যেখানে দলীয় বিভেদকে দূরে রেখে জাতীয় স্বার্থকে প্রাধান্য দেওয়া হবে, দেশ তার সার্বভৌমত্ব এবং উন্নয়নকে সুরক্ষিত রাখতে পারবে।

৩৫ তম অধ্যায়

৩৫. বাংলাদেশের সার্বভৌমত্ব এবং সীমানা রক্ষায় সকল নাগরিকদের সামরিক শিক্ষায় স্বশিক্ষিত করতে আগামীর রাজনীতি কিভাবে কাজ করতে পারে বিস্তারিত আলোচনা করুন।

বাংলাদেশের সার্বভৌমত্ব এবং সীমানা রক্ষা দেশের প্রতিটি নাগরিকের দায়িত্ব। যদিও সামরিক প্রতিরক্ষা সাধারণত সেনাবাহিনী, নৌবাহিনী, এবং বিমানবাহিনীর উপর নির্ভরশীল, তবে দেশের প্রতিটি নাগরিককে সামরিক শিক্ষায় প্রশিক্ষিত করে একটি শক্তিশালী প্রতিরক্ষা ব্যবস্থা তৈরি করা সম্ভব। নাগরিকদের সামরিক শিক্ষায় স্বশিক্ষিত করার মাধ্যমে দেশের অভ্যন্তরীণ ও বাহ্যিক হুমকির মোকাবিলায় সক্ষমতা বৃদ্ধি করা যায়। আগামীর রাজনীতি এ লক্ষ্যে কিছু গুরুত্বপূর্ণ পদক্ষেপ গ্রহণ করতে পারে, যার মাধ্যমে দেশের প্রতিরক্ষা এবং সার্বভৌমত্ব আরও শক্তিশালী হবে।নীচে এ বিষয়ে বিশদ আলোচনা করা হলো:

★সর্বজনীন সামরিক শিক্ষা চালু করা:- প্রাথমিকভাবে, দেশের যুবসমাজকে সামরিক প্রশিক্ষণ প্রদানের জন্য সর্বজনীন সামরিক শিক্ষা কার্যক্রম চালু করা যেতে পারে। এটি সরাসরি স্কুল ও কলেজ পর্যায়ে অন্তর্ভুক্ত করা যেতে পারে।

★**স্কুল এবং কলেজে প্রাথমিক সামরিক শিক্ষা:-** শিক্ষাব্যবস্থায় প্রাথমিক সামরিক শিক্ষা (যেমন, মৌলিক সামরিক শৃঙ্খলা, প্রাথমিক অস্ত্র প্রশিক্ষণ, শারীরিক সক্ষমতা উন্নয়ন) চালু করা যেতে পারে। এটি শিক্ষার্থীদের মধ্যে দেশপ্রেম ও প্রতিরক্ষার প্রতি দায়িত্ববোধ জাগ্রত করবে।

★**স্বেচ্ছাসেবী সামরিক প্রশিক্ষণ প্রোগ্রাম:** যারা ইচ্ছুক, তারা স্কুল-কলেজের বাইরে স্বেচ্ছাসেবী ভিত্তিতে উন্নত সামরিক প্রশিক্ষণ নিতে পারে। এ ধরনের স্বেচ্ছাসেবী প্রোগ্রাম সরকার পরিচালিত এবং সেনাবাহিনীর তত্ত্বাবধানে হতে পারে।

★**সামরিক প্রশিক্ষণের জন্য যুব ব্রিগেড গঠন:-** নাগরিকদের মধ্যে সামরিক শিক্ষা ও প্রশিক্ষণ জনপ্রিয় করতে হলে একটি যুব ব্রিগেড বা স্বেচ্ছাসেবী সংস্থা তৈরি করা যেতে পারে।

★**জাতীয় যুব প্রতিরক্ষা ব্রিগেড:-** এই ব্রিগেডের সদস্যরা নিয়মিত সামরিক প্রশিক্ষণ নিতে পারবে, যা দেশের সশস্ত্র বাহিনীর সহায়তায় পরিচালিত হবে। এতে তরুণদের মধ্যে শৃঙ্খলা, নেতৃত্ব, এবং শারীরিক সক্ষমতা বৃদ্ধি পাবে।

★**প্রতিরক্ষা প্রস্তুতি প্রশিক্ষণ শিবির:-** বছরে একবার বা নির্দিষ্ট সময়ে সামরিক প্রশিক্ষণ শিবির আয়োজন করা যেতে পারে, যেখানে নাগরিকরা মূল প্রতিরক্ষা কৌশল, জরুরি পরিস্থিতিতে করণীয়, এবং আত্মরক্ষা কৌশল সম্পর্কে প্রশিক্ষণ পাবে।

★**প্রতিরক্ষা রিজার্ভ ফোর্স গঠন:-** সামরিক প্রশিক্ষণপ্রাপ্ত নাগরিকদের নিয়ে একটি প্রতিরক্ষা রিজার্ভ ফোর্স গঠন করা যেতে পারে।

★**নাগরিক রিজার্ভ ফোর্স:-** এটি হবে এমন একটি বাহিনী যা যুদ্ধ বা বিপর্যয়ের সময় সেনাবাহিনীকে সহায়তা করবে। তারা নিয়মিত সামরিক প্রশিক্ষণ নেবে এবং দেশের নিরাপত্তার জন্য সর্বদা প্রস্তুত থাকবে।

★**জরুরি অবস্থায় সক্রিয়:-** জরুরি অবস্থায় বা যেকোনো বাহ্যিক আক্রমণের সময় এই রিজার্ভ ফোর্সকে ব্যবহার করা যাবে। এতে দেশের প্রতিরক্ষা ব্যবস্থা আরও শক্তিশালী হবে।

★**সামরিক শিক্ষা ও প্রযুক্তিগত প্রশিক্ষণ:-** সামরিক দক্ষতা শুধু শারীরিক সক্ষমতার মধ্যে সীমাবদ্ধ নয়; এর মধ্যে প্রযুক্তিগত দক্ষতাও গুরুত্বপূর্ণ। আধুনিক যুদ্ধ এবং প্রতিরক্ষার জন্য প্রযুক্তিগত জ্ঞান অপরিহার্য।

★**ডিজিটাল প্রতিরক্ষা এবং সাইবার নিরাপত্তা প্রশিক্ষণ:-** নাগরিকদের সাইবার প্রতিরক্ষা, ডিজিটাল যুদ্ধ, এবং তথ্য সুরক্ষা সম্পর্কে প্রশিক্ষণ দেওয়া যেতে পারে। আধুনিক যুদ্ধের কৌশলগুলোর মধ্যে সাইবার আক্রমণ গুরুত্বপূর্ণ ভূমিকা পালন করে, তাই সাধারণ মানুষকেও এই বিষয়ে সচেতন করতে হবে।

★**ড্রোন ও অন্যান্য প্রযুক্তির ব্যবহার:-** ড্রোন পরিচালনা এবং নজরদারি করার মতো প্রযুক্তিগত বিষয়গুলোর প্রশিক্ষণ দিতে হবে। এতে প্রযুক্তিগতভাবে দক্ষ নাগরিকরা দেশের প্রতিরক্ষায় ভূমিকা রাখতে পারবে।

★**সামরিক শিক্ষা এবং নাগরিক প্রতিরক্ষা সংস্থার একীকরণ:-** নাগরিক প্রতিরক্ষা সংস্থা এবং সামরিক প্রশিক্ষণ কার্যক্রম একসঙ্গে যুক্ত করা যেতে পারে। এটি শুধু যুদ্ধের সময়ই নয়, দুর্যোগের সময়ও কার্যকর ভূমিকা রাখতে পারবে।

★**দুর্যোগ ব্যবস্থাপনা ও সামরিক প্রশিক্ষণ:-** বাংলাদেশ একটি প্রাকৃতিক দুর্যোগপ্রবণ দেশ। বন্যা, ঘূর্ণিঝড়, এবং ভূমিকম্পের মতো দুর্যোগের সময় সামরিক প্রশিক্ষণপ্রাপ্ত নাগরিকরা জাতীয় প্রতিরক্ষা বাহিনীর মতো কাজ করতে পারবে। তাই সামরিক প্রশিক্ষণের সাথে দুর্যোগ ব্যবস্থাপনা সম্পর্কিত শিক্ষাও দিতে হবে।

★**রাজনৈতিক ও প্রশাসনিক সদিচ্ছা:-** এই ধরনের সামরিক শিক্ষার কার্যক্রম সফলভাবে বাস্তবায়ন করতে হলে রাজনৈতিক নেতৃত্বের সদিচ্ছা ও প্রতিজ্ঞা অপরিহার্য।।

★**সুনির্দিষ্ট নীতিমালা গ্রহণ:-** সরকারের পক্ষ থেকে একটি সুদৃঢ় এবং সুনির্দিষ্ট নীতিমালা গ্রহণ করতে হবে, যা সামরিক শিক্ষাকে নাগরিক জীবনের অংশ হিসেবে অন্তর্ভুক্ত করবে।

অর্থায়ন এবং অবকাঠামোগত উন্নয়ন: সামরিক প্রশিক্ষণ কার্যক্রমে বিনিয়োগ করতে হবে এবং প্রয়োজনীয় অবকাঠামো গড়ে তুলতে হবে, যাতে দেশের সকল নাগরিক সমান সুযোগ পায়।

★**মাধ্যমিক ও উচ্চমাধ্যমিক শিক্ষায় সামরিক শিক্ষা অন্তর্ভুক্তকরণ:-** সামরিক শিক্ষাকে জাতীয় শিক্ষাক্রমের অংশ হিসেবে অন্তর্ভুক্ত করা যেতে পারে। এতে সকল শিক্ষার্থী প্রাথমিক সামরিক প্রশিক্ষণ গ্রহণ করতে পারবে।

★**আবশ্যিক পাঠ্যক্রমে অন্তর্ভুক্তি:-** মাধ্যমিক এবং উচ্চমাধ্যমিক পর্যায়ে প্রাথমিক সামরিক শিক্ষা এবং দেশপ্রেমমূলক প্রশিক্ষণ

আবশ্যিক করা যেতে পারে। এতে শিক্ষার্থীদের মধ্যে প্রতিরক্ষার মানসিকতা গড়ে উঠবে।

★**বিশ্ববিদ্যালয়ে প্রতিরক্ষা শিক্ষার বিশেষ কোর্স:-** বিশ্ববিদ্যালয় পর্যায়ে সামরিক ও প্রতিরক্ষা বিষয়ে বিশেষ কোর্স চালু করা যেতে পারে, যা থেকে আগ্রহী শিক্ষার্থীরা সামরিক কৌশল, প্রতিরক্ষা নীতি এবং নেতৃত্বের উপর উচ্চতর শিক্ষা গ্রহণ করতে পারবে।

★**নাগরিকদের দেশপ্রেম ও জাতীয় সচেতনতা বৃদ্ধি:-**সামরিক শিক্ষা শুধুমাত্র শারীরিক নয়, এটি দেশের প্রতি দায়িত্ববোধ এবং দেশপ্রেম জাগ্রত করে।

★**গণমাধ্যমে দেশপ্রেমমূলক প্রচারণা:-** গণমাধ্যম এবং সামাজিক মাধ্যমে সামরিক শিক্ষা ও দেশপ্রেম নিয়ে সচেতনতা বাড়ানোর জন্য নিয়মিত প্রচারণা চালানো যেতে পারে। এতে সাধারণ জনগণ সামরিক শিক্ষার গুরুত্ব সম্পর্কে সচেতন হবে।

সামাজিক অনুষ্ঠানে সামরিক প্রদর্শনী:- সামাজিক ও জাতীয় অনুষ্ঠানগুলোতে সামরিক প্রদর্শনী আয়োজন করা যেতে পারে, যা সাধারণ মানুষকে সামরিক দক্ষতা এবং দায়িত্ব সম্পর্কে আরও অবহিত করবে।

উপসংহার:-বাংলাদেশের সার্বভৌমত্ব এবং সীমানা রক্ষায় সকল নাগরিককে সামরিক শিক্ষায় স্বশিক্ষিত করা হলে দেশের প্রতিরক্ষা ব্যবস্থা আরও শক্তিশালী হবে। এটি একটি দীর্ঘমেয়াদী প্রক্রিয়া, যা সরকার, শিক্ষা প্রতিষ্ঠান, সশস্ত্র বাহিনী, এবং জনগণের সমন্বয়ে বাস্তবায়ন করা সম্ভব। সামরিক প্রশিক্ষণপ্রাপ্ত নাগরিকরা কেবল যুদ্ধের সময়ই নয়, দেশপ্রেম, দায়িত্ববোধ, এবং শৃঙ্খলার মাধ্যমে সমাজের সব ক্ষেত্রে অবদান রাখতে পারবে। তাই আগামী রাজনীতি এই ধরনের কার্যক্রমকে বাস্তবায়নের জন্য নীতিমালা গ্রহণ করে এবং এর গুরুত্ব সম্পর্কে সাধারণ মানুষকে সচেতন করার কাজ করতে পারে।

৩৬. বাংলাদেশের বিচার বিভাগকে সম্পূর্ণ স্বাধীন এবং দুর্নীতিমুক্ত করতে আগামীর রাজনীতি কি ধরনের ভূমিকা রাখতে পারে বিস্তারিত আলোচনা করুন।

বাংলাদেশের বিচার বিভাগকে সম্পূর্ণ স্বাধীন ও দুর্নীতিমুক্ত করতে আগামী রাজনীতিতে কয়েকটি গুরুত্বপূর্ণ পদক্ষেপ গ্রহণ করা প্রয়োজন, যা বিচার বিভাগকে কার্যকর ও সুশৃঙ্খল করতে সহায়ক হবে। এ সম্পর্কে কিছু বিশদ আলোচনা করা হলো:-

★ ★বিচার বিভাগের সাংবিধানিক স্বাধীনতা নিশ্চিত করা:-

★সাংবিধানিক সুরক্ষা:- বিচার বিভাগের পূর্ণ স্বাধীনতা নিশ্চিত করার জন্য সংবিধানের সংশ্লিষ্ট ধারাগুলিকে মজবুত করা প্রয়োজন। বিচার বিভাগের ওপর কোনো রাজনৈতিক চাপ বা হস্তক্ষেপ যাতে না থাকে তা নিশ্চিত করতে সরকারকে দায়িত্বশীল ভূমিকা পালন করতে হবে।

★বিচারকদের স্বাধীনতা:- বিচারকদের নিয়োগ, বদলি, পদোন্নতি এবং অপসারণের ক্ষেত্রে স্বাধীন এবং স্বচ্ছ প্রক্রিয়া গড়ে তুলতে হবে যাতে বিচারকদের ওপর কোনো প্রকার রাজনৈতিক বা প্রাতিষ্ঠানিক চাপ না পড়ে।

★ ★প্রশাসনিক ও রাজনৈতিক প্রভাব কমানো:-

★রাজনৈতিক হস্তক্ষেপ রোধ:- প্রশাসন বা রাজনীতির উচ্চ পর্যায়ের ব্যক্তিদের বিচার বিভাগের উপর প্রভাব খাটানোর প্রবণতা কমাতে কঠোর পদক্ষেপ নেওয়া উচিত। বিচার বিভাগের উপর রাজনৈতিক প্রভাব থেকে মুক্ত রাখা দরকার, যাতে বিচারকরা তাদের দায়িত্ব নির্ভয়ে পালন করতে পারেন।

★বিশেষ আইনসভা গঠন:- একটি বিশেষ কমিটি বা পর্যবেক্ষক সংস্থা গঠন করা যেতে পারে, যা বিচার বিভাগের কার্যক্রমের স্বচ্ছতা নিশ্চিত করবে এবং কোনো অনিয়ম বা রাজনৈতিক প্রভাবের অভিযোগ পেলে তা দ্রুত তদন্ত করবে।

★ ★স্বচ্ছ বিচারিক নিয়োগ পদ্ধতি:-

★মেধা ও যোগ্যতার ভিত্তিতে বিচারক নিয়োগ:- বিচারকদের নিয়োগের ক্ষেত্রে স্বচ্ছতা এবং মেধার ভিত্তিতে নির্বাচন প্রক্রিয়া চালু করা প্রয়োজন। এই প্রক্রিয়াকে কোনোভাবেই রাজনৈতিক প্রভাবের দ্বারা প্রভাবিত করা উচিত নয়।

★বিচারক প্রশিক্ষণ:- নিয়োগের পরে বিচারকদের পর্যাপ্ত প্রশিক্ষণ এবং দক্ষতা বৃদ্ধি নিশ্চিত করা উচিত, যাতে তারা আইনের যথাযথ প্রয়োগে সক্ষম হন।

★ ★দুর্নীতি প্রতিরোধে কঠোর ব্যবস্থা:-

★দুর্নীতির বিরুদ্ধে শূন্য সহিষ্ণুতা:-বিচার বিভাগের মধ্যে দুর্নীতির যে কোনো অভিযোগের বিরুদ্ধে শূন্য সহিষ্ণুতা নীতি গ্রহণ করতে হবে। দুর্নীতির জন্য দায়ী ব্যক্তিদের দ্রুত বিচারের আওতায় আনা এবং শাস্তি প্রদান করতে হবে।

★দুর্নীতির তদন্ত:- দুর্নীতি দমন কমিশন বা অন্য কোনো স্বাধীন তদন্তকারী সংস্থা দ্বারা নিয়মিতভাবে বিচার বিভাগের কার্যক্রম পর্যালোচনা করা উচিত। বিচারিক কর্মকর্তাদের আয়-ব্যয়ের হিসাব নজরদারি করা প্রয়োজন।

★ ★জবাবদিহিতা নিশ্চিত করা:-

★বিচারকদের জবাবদিহিতা:- বিচার বিভাগের স্বাধীনতা নিশ্চিত করার পাশাপাশি বিচারকদেরও একটি নির্দিষ্ট মাত্রার জবাবদিহিতার আওতায় আনতে হবে। কোনো বিচারক যদি অসদাচরণ বা দুর্নীতির সাথে জড়িত হন, তবে তার বিরুদ্ধে যথাযথ পদক্ষেপ নিতে হবে।

★প্রতিবেদন প্রদান ব্যবস্থা:- বিচার বিভাগকে তাদের কাজের অগ্রগতি ও কার্যক্রমের স্বচ্ছতা সম্পর্কে জনগণকে নিয়মিত প্রতিবেদন দেওয়ার ব্যবস্থা রাখতে হবে।

★ ★বিচারপ্রার্থীদের জন্য সহজলভ্য বিচার ব্যবস্থা:-

★বিচারিক প্রক্রিয়া সহজীকরণ:- বিচারপ্রার্থীরা যাতে সহজে ও দ্রুত বিচার পেতে পারেন, সে জন্য মামলা পরিচালনার পদ্ধতি সহজ করা এবং আদালতের দীর্ঘসূত্রিতা কমানো অত্যন্ত গুরুত্বপূর্ণ। দ্রুত বিচার পদ্ধতি প্রতিষ্ঠার মাধ্যমে বিচার বিভাগের ওপর

মানুষের আস্থা বাড়ানো যেতে পারে।

★**ডিজিটাল বিচার ব্যবস্থা:-** ই-জুডিশিয়াল সিস্টেম চালু করে অনলাইন মাধ্যমে মামলা দাখিল, শুনানি এবং রায়ের কার্যক্রম আরও স্বচ্ছ এবং সহজ করা যেতে পারে।

★ ★**বিচার বিভাগের জন্য পর্যাপ্ত বাজেট বরাদ্দ:-**

★**বিচার বিভাগে বিনিয়োগ:-**বিচার বিভাগের জন্য পর্যাপ্ত বাজেট বরাদ্দ করতে হবে, যাতে বিচারক এবং অন্যান্য বিচারিক কর্মকর্তাদের কাজের পরিবেশ উন্নত করা যায় এবং তারা যথাযথভাবে তাদের দায়িত্ব পালন করতে পারেন।

★**অবকাঠামো উন্নয়ন:-** আদালতগুলোতে পর্যাপ্ত সুবিধা নিশ্চিত করা এবং বিচার বিভাগীয় অবকাঠামো উন্নয়নে বিনিয়োগ বৃদ্ধি করা।

★ ★**জনগণের সচেতনতা বৃদ্ধি:-**

★**আইনের প্রতি শ্রদ্ধাশীলতা:-** জনগণকে আইনের প্রতি শ্রদ্ধাশীল করতে এবং তাদের আইনী অধিকার সম্পর্কে সচেতন করার জন্য রাজনৈতিক নেতৃত্বের একটি ভূমিকা থাকতে হবে। জনগণ সচেতন হলে বিচার বিভাগের কার্যক্রমে স্বচ্ছতা ও জবাবদিহিতা নিশ্চিত করা সহজ হবে।

★**গণমাধ্যমের স্বাধীনতা:-** গণমাধ্যমকে বিচার বিভাগের উপর নজরদারি এবং বিচারিক প্রক্রিয়ার স্বচ্ছতা সম্পর্কে রিপোর্ট করতে উৎসাহিত করা উচিত। এ জন্য গণমাধ্যমের স্বাধীনতা এবং সুরক্ষা নিশ্চিত করতে হবে।

★ ★**আন্তর্জাতিক মানদণ্ড অনুসরণ:-**

★**আন্তর্জাতিক রীতি ও মানদণ্ড:-** বিচার বিভাগের স্বাধীনতা এবং দুর্নীতিমুক্ততা নিশ্চিত করার জন্য আন্তর্জাতিক রীতি এবং মানদণ্ড অনুসরণ করা যেতে পারে। এ জন্য বিশ্বব্যাপী সফল বিচারিক প্রথা ও নিয়মাবলী অনুসরণ করে দেশের জন্য প্রাসঙ্গিক নীতিমালা তৈরি করা যেতে পারে।

উপসংহার:- এই পদক্ষেপগুলি বাংলাদেশে একটি শক্তিশালী, স্বাধীন, এবং দুর্নীতিমুক্ত বিচার ব্যবস্থা গড়ে তুলতে সহায়ক হবে, যা ন্যায়বিচার নিশ্চিত করতে পারে এবং দেশের বিচার ব্যবস্থার প্রতি মানুষের আস্থা বাড়াবে।

৩৭. বাংলাদেশের অভ্যন্তরিন রাজনীতি কে স্থিতিশীল এবং উন্নত রাষ্ট্র গঠনে আগামীর রাজনীতি কি ধরনের ভূমিকা রাখতে পারে বিস্তারিত আলোচনা করুন।

বাংলাদেশের অভ্যন্তরীণ রাজনীতিকে স্থিতিশীল করা এবং উন্নত রাষ্ট্র গঠনের ক্ষেত্রে আগামীর রাজনীতি বিভিন্ন গুরুত্বপূর্ণ ভূমিকা রাখতে পারে। এ বিষয়ে নিচে বিস্তারিত আলোচনা করা হলো:-

★ ★ গণতন্ত্রের প্রাতিষ্ঠানিকীকরণ:-

গণতান্ত্রিক প্রক্রিয়ার জোরদার:- সুষ্ঠু নির্বাচন ব্যবস্থা নিশ্চিত করে জনগণের ক্ষমতায়নের সুযোগ বৃদ্ধি করা। নির্বাচন কমিশনের স্বচ্ছতা ও স্বাধীনতা রক্ষা গুরুত্বপূর্ণ।

★ নির্বাচনকালীন নিরপেক্ষতা:- নিরপেক্ষ তত্ত্বাবধায়ক ব্যবস্থা কিংবা আন্তর্জাতিক পর্যবেক্ষক নিয়ে আসা।

★ রাজনৈতিক সংলাপ:- রাজনৈতিক দলগুলোর মধ্যে সংলাপ বাড়ানো এবং মতপার্থক্যের শান্তিপূর্ণ সমাধান নিশ্চিত করা।

★ ★ আইনের শাসন প্রতিষ্ঠা:-

★ বিচার বিভাগের স্বাধীনতা:- বিচার ব্যবস্থাকে সম্পূর্ণ স্বাধীন রেখে অন্যায় ও দুর্নীতির বিরুদ্ধে শক্তিশালী ব্যবস্থা নেওয়া।

দুর্নীতি দমন:- দুর্নীতির বিরুদ্ধে শূন্য সহিষ্ণুতা নীতি গ্রহণ করে প্রশাসনের স্বচ্ছতা বৃদ্ধি করা।

★ ★ অর্থনৈতিক উন্নয়ন:-

★ সমতাভিত্তিক উন্নয়ন:- অঞ্চলভিত্তিক বৈষম্য দূর করে সমতাভিত্তিক উন্নয়ন নিশ্চিত করা।

★ বিনিয়োগ বান্ধব পরিবেশ:- স্থানীয় ও আন্তর্জাতিক বিনিয়োগকারীদের আকৃষ্ট করতে নিয়মকানুন সহজ এবং স্থিতিশীল পরিবেশ তৈরি করা।

★ বেকারত্ব হ্রাস:- কর্মসংস্থান সৃষ্টির মাধ্যমে যুব সমাজকে রাজনীতিতে ইতিবাচক ভূমিকা পালনের সুযোগ দেওয়া।

★ ★ শিক্ষা ও দক্ষতা উন্নয়ন:- গুণগত শিক্ষা নিশ্চিত করা: তরুণ প্রজন্মকে সঠিক নেতৃত্বের জন্য প্রস্তুত করতে শিক্ষাব্যবস্থার মানোন্নয়ন করা।

নাগরিক সচেতনতা বৃদ্ধি: রাজনীতির প্রতি সাধারণ জনগণের আস্থা বৃদ্ধি করতে নাগরিক সচেতনতা কর্মসূচি চালু করা।

★ ★ রাজনৈতিক সংস্কৃতি উন্নয়ন:-

★ সহিষ্ণুতা ও পারস্পরিক শ্রদ্ধাবোধ:- বিরোধী দলের প্রতি সহিষ্ণুতা বৃদ্ধি করে রাজনৈতিক উত্তেজনা কমানো।

★ পরিবর্তনের রাজনীতি:- নেতিবাচক রাজনীতি পরিহার করে দেশপ্রেম ও দায়িত্বশীলতার ভিত্তিতে নেতৃত্ব গঠন।

তরুণ নেতৃত্ব:- তরুণদের রাজনীতিতে অন্তর্ভুক্ত করে নতুন দৃষ্টিভঙ্গির সুযোগ তৈরি করা।

★ ★ উন্নয়নকেন্দ্রিক রাজনীতি:-

পরিকল্পিত অবকাঠামো উন্নয়ন:- পরিবহন, বিদ্যুৎ, স্বাস্থ্য, ও প্রযুক্তি খাতে দীর্ঘমেয়াদি উন্নয়ন নিশ্চিত করা।

গ্রামীণ উন্নয়ন:- গ্রামীণ অর্থনীতি শক্তিশালী করে শহরের উপর চাপ কমানো।

★ ★ মানবাধিকার রক্ষা:-

সামাজিক ন্যায়বিচার:- সংখ্যালঘু ও সুবিধাবঞ্চিত জনগোষ্ঠীর অধিকার রক্ষা করা।

নারীর ক্ষমতায়ন:- নারীর রাজনৈতিক অংশগ্রহণ বৃদ্ধি করা।

★ ★ রাজনৈতিক স্থিতিশীলতা:-

★ **প্রশাসনিক দক্ষতা:-** সুশাসন প্রতিষ্ঠা করে প্রশাসনিক জবাবদিহিতা নিশ্চিত করা।

সহিংসতা প্রতিরোধ:- রাজনৈতিক সহিংসতা ও চাঁদাবাজি রোধে কঠোর ব্যবস্থা নেওয়া।

★ ★ **পরিবেশ ও জলবায়ু পরিবর্তন:-**

সবুজ উন্নয়ন:- টেকসই উন্নয়ন কৌশল গ্রহণ করে পরিবেশ রক্ষায় কার্যকরী ভূমিকা পালন।

জলবায়ু নেতৃত্ব:- জলবায়ু পরিবর্তন মোকাবিলায় আন্তর্জাতিক অঙ্গনে বাংলাদেশের অবস্থান শক্তিশালী করা

★ ★ **আঞ্চলিক ও আন্তর্জাতিক সহযোগিতা:-**

আঞ্চলিক সম্পর্ক:- প্রতিবেশী দেশগুলোর সঙ্গে বন্ধুত্বপূর্ণ সম্পর্ক বজায় রাখা।

আন্তর্জাতিক সংযোগ:-বৈদেশিক নীতির মাধ্যমে বাংলাদেশের মর্যাদা বৃদ্ধি করা।

উপসংহার:- আগামীর রাজনীতি সুশাসন, অর্থনৈতিক উন্নয়ন, এবং নাগরিক অধিকার নিশ্চিত করার মাধ্যমে বাংলাদেশকে একটি উন্নত এবং স্থিতিশীল রাষ্ট্রে রূপান্তরিত করতে পারে। এর জন্য রাজনৈতিক সদিচ্ছা, অংশগ্রহণমূলক নীতি এবং জনগণের আস্থার পুনর্গঠন অত্যন্ত জরুরি।

৩৮. আন্তর্জাতিক অঙ্গনে বাংলাদেশের রাজনীতিকে শক্তিশালীকরণে আগামীর রাজনীতি কি ধরনের ভূমিকা রাখতে পারে বিস্তারিত আলোচনা করুন।

আন্তর্জাতিক অঙ্গনে বাংলাদেশের রাজনীতিকে শক্তিশালী করার জন্য আগামীর রাজনীতি বিভিন্ন দিক থেকে ভূমিকা রাখতে পারে। এটি বাংলাদেশকে কূটনৈতিক, অর্থনৈতিক, এবং সামাজিক দিক থেকে শক্তিশালী অবস্থানে নিয়ে যেতে পারে। নিচে সম্ভাব্য উদ্যোগ ও প্রস্তাবনা বিস্তারিতভাবে আলোচনা করা হলো:-

★ ★ **কূটনৈতিক সম্পর্ক উন্নয়ন:-**

★ **বহুমুখী সম্পর্ক:-** বাংলাদেশের উচিত আঞ্চলিক শক্তিগুলোর সঙ্গে যেমন চীন, ভারত, জাপান, এবং অন্যান্য আন্তর্জাতিক শক্তি যেমন যুক্তরাষ্ট্র এবং ইউরোপীয় ইউনিয়নের সঙ্গে সম্পর্ক জোরদার করা।

★ **আন্তর্জাতিক ফোরামে অংশগ্রহণ:-** জাতিসংঘ, ওআইসি, সার্ক, এবং অন্যান্য আন্তর্জাতিক ফোরামে বাংলাদেশের উপস্থিতি আরও দৃঢ় করা।

★ **দ্বিপাক্ষিক চুক্তি:-** কৌশলগত ও অর্থনৈতিক সহযোগিতার জন্য নতুন চুক্তি ও সমঝোতা স্মারক সই করা।

★ ★ **অর্থনৈতিক কূটনীতি:-**

★ **বাণিজ্য সম্প্রসারণ:-**নতুন বাজারে বাংলাদেশের পণ্য রপ্তানির সুযোগ তৈরি করা।

★ **বিদেশি বিনিয়োগ আকর্ষণ:-** ব্যবসাবান্ধব পরিবেশ তৈরি করে আন্তর্জাতিক বিনিয়োগকারীদের আকৃষ্ট করা।

★ **মেগা প্রকল্প বাস্তবায়ন:-** চীনের বেল্ট অ্যান্ড রোড ইনিশিয়েটিভ (BRI)-এর মতো উদ্যোগে আরও সক্রিয় অংশগ্রহণ।

★ **রেমিটেন্স প্রবাহ:-** প্রবাসীদের জন্য আরও কার্যকর পলিসি তৈরি করে রেমিটেন্স বৃদ্ধির প্রচেষ্টা।

জলবায়ু নেতৃত্ব:-

আন্তর্জাতিক জলবায়ু আলোচনায় নেতৃত্ব:- জলবায়ু পরিবর্তনের ঝুঁকি মোকাবিলায় বাংলাদেশের অভিজ্ঞতা আন্তর্জাতিকভাবে তুলে ধরা।

সবুজ অর্থনীতি:- পরিবেশবান্ধব প্রযুক্তি এবং টেকসই উন্নয়ন প্রচার করে বাংলাদেশকে একটি মডেল হিসেবে প্রতিষ্ঠা করা।

★★মানবসম্পদ উন্নয়ন:-

শিক্ষা ও দক্ষতা:- বৈশ্বিক চাহিদার সঙ্গে সামঞ্জস্য রেখে জনশক্তি তৈরি করা।

টেকসই অভিবাসন নীতি-বিদেশে কর্মী প্রেরণের পাশাপাশি তাদের নিরাপত্তা নিশ্চিত করা।

উন্নত স্বাস্থ্যসেবা:- আন্তর্জাতিক মানসম্পন্ন স্বাস্থ্যসেবা প্রদানের মাধ্যমে আস্থা অর্জন।

★★প্রযুক্তি ও উদ্ভাবন:-

★ডিজিটাল বাংলাদেশ:- তথ্যপ্রযুক্তি খাতে নতুন নতুন সুযোগ সৃষ্টি করা এবং সাইবার নিরাপত্তায় মনোযোগ দেওয়া।

★উন্নত প্রযুক্তি আমদানি:-কৃষি, স্বাস্থ্য এবং শিল্প খাতে আধুনিক প্রযুক্তি ব্যবহার করে উৎপাদনশীলতা বৃদ্ধি।

★ইন্টারন্যাশনাল টেক পার্টনারশিপ:- উদ্ভাবন এবং গবেষণায় আন্তর্জাতিক অংশীদারিত্ব বাড়ানো।

★★আঞ্চলিক সহযোগিতা বৃদ্ধি:-

★সার্ক ও বিমসটেক:- দক্ষিণ এশিয়ার দেশগুলোর সঙ্গে বাণিজ্য এবং নিরাপত্তা সহযোগিতা জোরদার করা।

★সীমান্ত সমস্যা সমাধান:-প্রতিবেশী দেশগুলোর সঙ্গে বন্ধুত্বপূর্ণ সম্পর্ক বজায় রাখা।

★★অভ্যন্তরীণ স্থিতিশীলতা:-

★গণতান্ত্রিক প্রতিষ্ঠান শক্তিশালী করা:- অভ্যন্তরীণ রাজনীতিতে স্থিতিশীলতা আনয়ন করে বৈদেশিক বিনিয়োগকারীদের আস্থা বৃদ্ধি করা।

★আইনের শাসন:- দুর্নীতি দমন এবং মানবাধিকার রক্ষায় কার্যকর পদক্ষেপ গ্রহণ।

★জাতিসংঘ শান্তিরক্ষা মিশন:- বাংলাদেশের শান্তিরক্ষী বাহিনী আন্তর্জাতিক অঙ্গনে ইতিমধ্যেই একটি উদাহরণ সৃষ্টি করেছে। ভবিষ্যতেও এই মিশনে সক্রিয়ভাবে অংশগ্রহণ করা।

★★সাংস্কৃতিক কূটনীতি:-

★সাংস্কৃতিক মেলবন্ধন:- বাংলাদেশের ঐতিহ্য যেমন রবীন্দ্রসঙ্গীত, নৃত্য, এবং হস্তশিল্প আন্তর্জাতিক অঙ্গনে তুলে ধরা।

★পর্যটন শিল্প:-আন্তর্জাতিক পর্যটন আকর্ষণে আরও উন্নত নীতিমালা গ্রহণ।

★★বৈশ্বিক নিরাপত্তা:-

★সন্ত্রাসবিরোধী পদক্ষেপ:-আঞ্চলিক ও বৈশ্বিক নিরাপত্তায় সহযোগিতা জোরদার।

★সমুদ্রসীমা নিরাপত্তা: ব্লু ইকোনমি এবং সমুদ্র সম্পদ ব্যবস্থাপনায় মনোযোগ।

উপসংহার:- আগামীর রাজনীতি আন্তর্জাতিক অঙ্গনে বাংলাদেশকে একটি শক্তিশালী, মর্যাদাসম্পন্ন এবং টেকসই দেশ হিসেবে প্রতিষ্ঠিত করতে সহায়ক ভূমিকা রাখতে পারে। এর জন্য কূটনৈতিক দক্ষতা, অর্থনৈতিক কৌশল, এবং পরিবেশবান্ধব উন্নয়ন নীতিমালার সমন্বয় অত্যন্ত গুরুত্বপূর্ণ।

৩৯ তম অধ্যায়

৩৯. বাংলাদেশের ইতিহাস, ঐতিহ্য এবং সংস্কৃতি রক্ষায় আগামীর

রাজনীতি কি ধরনের ভূমিকা রাখতে পারে বিস্তারিত আলোচনা করুন।

বাংলাদেশের ইতিহাস, ঐতিহ্য, এবং সংস্কৃতি রক্ষায় রাজনীতির ভূমিকা অত্যন্ত গুরুত্বপূর্ণ, কারণ রাজনীতিবিদ এবং সরকারের নীতিমালাই সামাজিক ও সাংস্কৃতিক পরিবর্তনগুলোকে প্রভাবিত করে। আগামী দিনের রাজনীতি এই ক্ষেত্রে নিচের কয়েকটি দিক থেকে ভূমিকা রাখতে পারে:-

★ ★ সংস্কৃতি ও ঐতিহ্যের সংরক্ষণ:-

★ আইনি সুরক্ষা প্রদান:- ঐতিহাসিক স্থান, প্রত্নতাত্ত্বিক নিদর্শন, এবং সাংস্কৃতিক ঐতিহ্যের জন্য বিশেষ আইন তৈরি করা এবং সেগুলো কার্যকরভাবে বাস্তবায়ন করা।

★ প্রশিক্ষণ ও শিক্ষা:- শিক্ষাব্যবস্থায় ইতিহাস ও ঐতিহ্য সম্পর্কে ধারণা দেওয়া এবং নতুন প্রজন্মকে তাদের শেকড় সম্পর্কে সচেতন করা। এটি স্থানীয় এবং জাতীয় পরিচয়ের ভিত্তি তৈরি করবে।

★ ঐতিহাসিক স্থানগুলোর উন্নয়ন ও রক্ষণাবেক্ষণ:-

★ অর্থনৈতিক বরাদ্দ:- সরকারি বাজেটে পর্যাপ্ত অর্থ বরাদ্দ করা, যা ঐতিহাসিক স্থান ও নিদর্শনের রক্ষণাবেক্ষণে ব্যয় করা হবে।

★ পর্যটন উন্নয়ন:- ঐতিহাসিক স্থানগুলোকে আন্তর্জাতিক মানের পর্যটন কেন্দ্রে রূপান্তরিত করা। এতে দেশের অর্থনীতি যেমন সমৃদ্ধ হবে, তেমনি ঐতিহ্যের গুরুত্বও বৃদ্ধি পাবে।

ভাষা ও সাংস্কৃতিক বৈচিত্র্যের সংরক্ষণ:-

★ মাতৃভাষার গুরুত্ব:- রাজনীতি মাতৃভাষা বাংলার প্রচার এবং অন্যান্য ক্ষুদ্র নৃগোষ্ঠীর ভাষা সংরক্ষণে কার্যকর ভূমিকা রাখতে পারে। ভাষার প্রতি সম্মান জাতির ঐক্যের প্রতীক হতে পারে।

★ সংস্কৃতি কেন্দ্র স্থাপন:- প্রতিটি জেলার নিজস্ব ঐতিহ্য ও সংস্কৃতির প্রচারের জন্য কালচারাল সেন্টার বা কেন্দ্র গড়ে তোলা।

★ ★ রাজনৈতিক স্থিতিশীলতা এবং সাংস্কৃতিক মূল্যবোধ:-

★ সুশাসন প্রতিষ্ঠা:- রাজনীতিতে স্বচ্ছতা এবং সুশাসন নিশ্চিত করতে হবে। এটি সংস্কৃতি রক্ষায় দীর্ঘমেয়াদি প্রভাব ফেলবে, কারণ অস্থিতিশীলতা ঐতিহ্য এবং সংস্কৃতিকে ক্ষতিগ্রস্ত করে।

★ জাতীয় ঐক্য:- দেশের সব ধর্ম, সম্প্রদায়, এবং অঞ্চলের মানুষকে একত্রিত করে এমন রাজনৈতিক আদর্শ তৈরি করতে হবে, যা সংস্কৃতির গভীরতাকে তুলে ধরে।

★ ★ প্রযুক্তি ও ডিজিটালাইজেশন:-

★ ডিজিটাল আর্কাইভ:- বাংলাদেশের ইতিহাস ও ঐতিহ্যের ডিজিটাল সংরক্ষণ নিশ্চিত করা। এতে ভবিষ্যৎ প্রজন্ম সহজেই তাদের ঐতিহ্যের সঙ্গে পরিচিত হতে পারবে।

★ প্রচার ও গবেষণা:- দেশীয় সংস্কৃতিকে বিশ্বের সামনে তুলে ধরতে রাজনৈতিক সহায়তায় গবেষণা এবং আন্তর্জাতিক প্রচার চালানো যেতে পারে।

★ ধর্মনিরপেক্ষতা এবং বৈচিত্র্যের প্রতি শ্রদ্ধা:- বাংলাদেশের রাজনীতি যদি সব ধর্ম এবং সংস্কৃতির প্রতি সম্মান প্রদর্শন করে, তবে ঐতিহ্য এবং সংস্কৃতির বৈচিত্র্য টিকে থাকবে। এটি একটি সমৃদ্ধ জাতি গঠনে সহায়তা করবে।

★ সামাজিক উন্নয়ন এবং সাংস্কৃতিক উদযাপন:- রাজনীতি সামাজিক ও সাংস্কৃতিক উৎসবগুলোর উদযাপনকে উৎসাহিত করতে পারে।গ্রামীণ ঐতিহ্য যেমন নকশি কাঁথা, লাঠি খেলা, বা গ্রামীণ মেলা টিকিয়ে রাখতে আর্থিক ও প্রশাসনিক সহায়তা প্রদান করতে পারে।

উপসংহার:- রাজনীতির ইতিবাচক ভূমিকা ইতিহাস, ঐতিহ্য, এবং সংস্কৃতিকে নতুন প্রজন্মের কাছে পরিচিত করতে এবং বিশ্বমঞ্চে বাংলাদেশকে তুলে ধরতে সহায়তা করতে পারে। এজন্য রাজনীতিবিদদের সংবেদনশীল এবং দূরদর্শী নীতি গ্রহণ করতে হবে।

৪০.বাংলাদেশের মানব সম্পদকে যথাযথ ভাবে ব্যবহার করার জন্য আগামীর রাজনীতি কি ভাবে কাজ করতে পারে বিস্তারিত আলোচনা করুন।

বাংলাদেশের মানব সম্পদকে যথাযথভাবে ব্যবহার করার জন্য আগামী রাজনীতি একটি সুসংহত এবং সুশৃঙ্খল পরিকল্পনা প্রণয়ন ও বাস্তবায়ন করতে পারে। এখানে কিছু গুরুত্বপূর্ণ পদক্ষেপ তুলে ধরা হলো:-

★ **শিক্ষা ও দক্ষতা উন্নয়ন:-**গুণগত শিক্ষা প্রদান: শিক্ষা ব্যবস্থার মান উন্নয়ন করা এবং প্রতিটি স্তরে আধুনিক পাঠ্যক্রম ও শিক্ষণ পদ্ধতি বাস্তবায়ন করা।

★ **প্রযুক্তি ও দক্ষতা প্রশিক্ষণ:-** প্রাথমিক, মাধ্যমিক ও উচ্চ শিক্ষা স্তরে প্রযুক্তিগত দক্ষতা এবং সফট স্কিল শেখানো, যা কর্মক্ষেত্রে প্রয়োজনীয়।

★ **চাকরির সুযোগ সৃষ্টি:-** নতুন শিল্প প্রতিষ্ঠান গঠন: বিভিন্ন শিল্পখাতে বিনিয়োগ বৃদ্ধি করে নতুন কর্মসংস্থান সৃষ্টির জন্য সরকারি নীতি গ্রহণ করা।

★ **স্টার্টআপ ও উদ্যোক্তা সহায়তা:-** স্টার্টআপ কোম্পানির জন্য সহজ শর্তে ঋণ, কর ছাড়, এবং প্রশিক্ষণ সহায়তা প্রদান করা।

★ ★ **পেশাগত উন্নয়ন ও প্রশিক্ষণ:-**

★ **বৃত্তিমূলক শিক্ষা:-** বিভিন্ন সেক্টরে বৃত্তিমূলক প্রশিক্ষণ প্রোগ্রাম চালু করা, যা কর্মসংস্থানে উন্নতি করতে সহায়তা করবে।

★ **শিক্ষা ও প্রশিক্ষণ কেন্দ্র:-** দক্ষতা বৃদ্ধির জন্য প্রশিক্ষণ কেন্দ্র স্থাপন এবং চলমান প্রশিক্ষণ কর্মসূচির আয়োজন করা।

★ ★ **স্বাস্থ্য ও সামাজিক নিরাপত্তা:-**

★ **স্বাস্থ্যসেবা উন্নয়ন:-** উন্নত স্বাস্থ্যসেবা নিশ্চিত করা, যাতে কর্মক্ষমতা ও স্বাস্থ্য ভালো থাকে। স্বাস্থ্যকর পরিবেশে কাজের সুযোগ তৈরি করা।

★ **সামাজিক নিরাপত্তা নেট:-** কর্মীদের জন্য নিরাপত্তা সেবা, পেনশন সুবিধা এবং দুর্ঘটনাবীমা সেবা প্রদান করা।

★ ★ **উদ্ভাবনীতা ও সৃজনশীলতা উৎসাহিত করা:-**

★ **উদ্ভাবনী উদ্যোগ:-** গবেষণা ও উদ্ভাবনকে উৎসাহিত করার জন্য বিভিন্ন রকম উদ্ভাবনী প্রকল্প এবং ইন্ডাস্ট্রি-অ্যাকাডেমিয়া পার্টনারশিপ গঠন করা।

★ **সৃজনশীল কার্যক্রম:-** শিক্ষার্থীদের মধ্যে সৃজনশীলতা বিকাশে বিশেষ কর্মশালা, প্রতিযোগিতা, এবং কার্যক্রম আয়োজন করা।

★ ★ **সামাজিক ও বৈষম্য হ্রাস:-**

★ **বৈষম্য কমানো:-** সামাজিক এবং অর্থনৈতিক বৈষম্য দূরীকরণের জন্য নীতিমালা বাস্তবায়ন করা এবং সকল স্তরের জনগণের জন্য সমান সুযোগ নিশ্চিত করা।

★ **নারীদের কর্মসংস্থান সৃষ্টি :-** নারীদের জন্য অধিক পরিমাণ কর্মসংস্থান সৃষ্টির মাধ্যমে আমরা আমাদের মানব সম্পদ এর যথাযথ ব্যাবহার করতে পারি।

★ **ডিজিটাল ও ইন্টারনেট দক্ষতা:-** ডিজিটাল প্রশিক্ষণ: প্রযুক্তিগত জ্ঞান বৃদ্ধি করার জন্য ডিজিটাল প্রশিক্ষণ কার্যক্রম শুরু করা এবং ইন্টারনেট ও কম্পিউটার দক্ষতা বাড়ানো।

★ **ই-লানিং প্ল্যাটফর্ম:-** অনলাইন শিক্ষার সুযোগ তৈরি করে দক্ষতা বৃদ্ধির জন্য ই-লানিং প্ল্যাটফর্মে প্রবেশাধিকার নিশ্চিত করা।

★ ★ **সরকারি নীতি ও পরিকল্পনা:-**

★ **মানব সম্পদ নীতি:-** মানব সম্পদ ব্যবস্থাপনার জন্য কৌশলগত নীতি প্রণয়ন করা এবং সেগুলোকে বাস্তবায়িত করার জন্য সরকারিভাবে কর্মপরিকল্পনা তৈরি করা।

★ **পর্যবেক্ষণ ও মূল্যায়ন:-** মানব সম্পদের উন্নয়ন প্রক্রিয়া পর্যবেক্ষণ এবং মূল্যায়ন করার জন্য একটি সুষ্ঠু ব্যবস্থা গঠন করা।

★ ★ **উন্নয়ন প্রকল্প ও নীতি সহায়তা:-**

★ **উন্নয়ন প্রকল্পে অংশগ্রহণ:-** আন্তর্জাতিক ও অভ্যন্তরীণ উন্নয়ন প্রকল্পে অংশগ্রহণ করে মানব সম্পদের দক্ষতা উন্নয়নের সুযোগ সৃষ্টি করা।

জাতীয় উন্নয়ন পরিকল্পনা:- মানব সম্পদের পূর্ণ ব্যবহার নিশ্চিত করতে জাতীয় উন্নয়ন পরিকল্পনায় মানব সম্পদের উন্নয়নকে অন্তর্ভুক্ত করা।

★ ★ **আন্তর্জাতিক অভিজ্ঞতা ও সহযোগিতা:-**

★ **আন্তর্জাতিক প্রশিক্ষণ:-** বিদেশি প্রশিক্ষণ ও শিক্ষা কার্যক্রমে অংশগ্রহণের সুযোগ প্রদান করা এবং আন্তর্জাতিক দক্ষতা অর্জন নিশ্চিত করা।

★ **বৈশ্বিক মানের অভিজ্ঞতা:-** আন্তর্জাতিক মঞ্চে অংশগ্রহণের মাধ্যমে বিশ্বের উন্নত দেশগুলোর অভিজ্ঞতা অর্জন করা এবং সেই অভিজ্ঞতা দেশে বাস্তবায়ন করা।

উপসংহার:- এই পদক্ষেপগুলির মাধ্যমে বাংলাদেশের মানব সম্পদকে আরও দক্ষ, সৃজনশীল, এবং আন্তর্জাতিক মানের তৈরি করা সম্ভব হবে, যা দেশের সামগ্রিক উন্নয়ন ও প্রবৃদ্ধির জন্য সহায়ক হবে।

৪১.বাংলাদেশের অর্থনীতিকে শক্তিশালী করতে হলে আগামীর রাজনীতি কি ভাবে কাজ করতে পারে বিস্তারিত আলোচনা করুন।

বাংলাদেশের অর্থনীতিকে শক্তিশালী করতে হলে আগামী রাজনীতিকে সুশৃঙ্খল ও সুসংহত নীতিমালা প্রণয়ন ও বাস্তবায়নে কাজ করতে হবে। অর্থনৈতিক প্রবৃদ্ধি এবং সমৃদ্ধি অর্জনের জন্য রাজনৈতিক স্থিতিশীলতা, ন্যায়বিচার, এবং কার্যকর প্রশাসন অত্যন্ত গুরুত্বপূর্ণ। নিচে অর্থনীতি শক্তিশালী করতে আগামী রাজনীতির ভূমিকা বিশদভাবে আলোচনা করা হলো:-

★**দীর্ঘমেয়াদী অর্থনৈতিক নীতি প্রণয়ন:-** স্থিতিশীল অর্থনৈতিক পরিকল্পনা: দেশকে অর্থনৈতিকভাবে শক্তিশালী করার জন্য দীর্ঘমেয়াদী ও সুসংহত অর্থনৈতিক নীতি প্রণয়ন করতে হবে। এই পরিকল্পনায় শিল্পখাত, কৃষি, প্রযুক্তি এবং সেবা খাতের উন্নয়নে সুনির্দিষ্ট লক্ষ্য নির্ধারণ করা প্রয়োজন।

★**বিনিয়োগবান্ধব নীতি:-** দেশি-বিদেশি বিনিয়োগকারীদের আকৃষ্ট করতে বিনিয়োগবান্ধব নীতি তৈরি করা, যেমন করছাড়, সহজ ঋণ সুবিধা এবং অবকাঠামোগত সহায়তা প্রদান।

★**শিল্পায়ন ও রপ্তানি খাতের উন্নয়ন:-** নতুন শিল্প গড়ে তোলা: তৈরি পোশাক খাত ছাড়াও তথ্যপ্রযুক্তি, ইলেকট্রনিকস, ওষুধ, এবং কৃষিভিত্তিক শিল্পের মতো নতুন শিল্পগুলোতে বিনিয়োগ ও উন্নয়ন করা।

★**রপ্তানি পণ্যের বৈচিত্র্য:-** রপ্তানি পণ্যের বৈচিত্র্য আনা এবং গুণগত মানের উন্নয়ন করা, যাতে বৈদেশিক বাজারে বাংলাদেশের পণ্যের চাহিদা বৃদ্ধি পায়।

★**রপ্তানি সুবিধা:-** রপ্তানিমুখী শিল্পে আরও করছাড় ও অন্যান্য সুবিধা দেওয়া, এবং বাণিজ্য চুক্তির মাধ্যমে আন্তর্জাতিক বাজারে প্রবেশ সহজ করা।

★**কৃষিখাতের আধুনিকায়ন:-** প্রযুক্তি-নির্ভর কৃষি: কৃষিতে আধুনিক প্রযুক্তির ব্যবহার বৃদ্ধি করতে হবে, যেমন ড্রোন প্রযুক্তি, সেচ ব্যবস্থা উন্নয়ন, এবং মাটি ও ফসল নির্ধারণের জন্য তথ্যপ্রযুক্তি ব্যবহার করা।

★**কৃষকদের ঋণ সুবিধা:-** কৃষকদের জন্য সহজ শর্তে ঋণ সুবিধা প্রদান করা এবং প্রয়োজনীয় কৃষি উপকরণ সহজলভ্য করা।

★**কৃষিপণ্য প্রক্রিয়াজাতকরণ:-** কৃষিপণ্য প্রক্রিয়াজাতকরণ শিল্পের উন্নয়ন করতে হবে, যা দেশে কর্মসংস্থান সৃষ্টি করবে এবং রপ্তানি আয় বাড়াবে।

★**শিক্ষা ও মানবসম্পদ উন্নয়ন:-** মানবসম্পদের দক্ষতা বৃদ্ধি: দেশের মানবসম্পদকে দক্ষ ও উৎপাদনশীল করে তুলতে কারিগরি ও বৃত্তিমূলক শিক্ষার উন্নয়ন করতে হবে। এক্ষেত্রে বিশেষ প্রশিক্ষণ প্রোগ্রাম, প্রযুক্তিগত দক্ষতা বৃদ্ধি, এবং শিক্ষার মান উন্নয়ন জরুরি।

★**গবেষণা ও উদ্ভাবন:-** বিশ্ববিদ্যালয় ও গবেষণা প্রতিষ্ঠানগুলোকে আরও উন্নত করতে হবে এবং উদ্ভাবনী চিন্তাভাবনা উৎসাহিত করতে হবে, যাতে দেশীয় প্রযুক্তি ও পণ্য তৈরি করে দেশের চাহিদা পূরণ করা যায়।

★**উদ্যোক্তা ও ক্ষুদ্র-মাঝারি শিল্প (SME) উন্নয়ন:-** SME খাতের প্রসার: ক্ষুদ্র ও মাঝারি শিল্প উদ্যোক্তাদের জন্য সহজ শর্তে ঋণ এবং করছাড় সুবিধা প্রদান করতে হবে। স্থানীয় উৎপাদন বৃদ্ধি করতে উদ্যোক্তাদের সহায়তা করা গুরুত্বপূর্ণ।

★**উদ্যোক্তা সহায়তা কেন্দ্র:-** নতুন উদ্যোক্তাদের জন্য সহায়তা কেন্দ্র স্থাপন করা, যেখানে তারা ব্যবসার বিভিন্ন বিষয় সম্পর্কে প্রশিক্ষণ এবং পরামর্শ পাবে।

★**প্রযুক্তি ও তথ্যপ্রযুক্তি খাতের উন্নয়ন:-** ডিজিটাল অবকাঠামো উন্নয়ন: দেশের প্রতিটি অঞ্চলে উচ্চগতির ইন্টারনেট সুবিধা নিশ্চিত করা, যাতে প্রযুক্তি নির্ভর ব্যবসা এবং সেবা খাত বিকশিত হতে পারে।

★**ই-কমার্স ও স্টার্টআপ সহায়তা:-** ই-কমার্স এবং প্রযুক্তি নির্ভর স্টার্টআপ গঠনে সহায়তা প্রদান করা, যাতে দেশীয় প্রযুক্তি

এবং সেবা রপ্তানি করা সম্ভব হয়।

★**প্রতিবেশী দেশগুলোর সাথে বাণিজ্য সম্পর্ক:-** দ্বিপাক্ষিক ও বহুপাক্ষিক বাণিজ্য চুক্তি: প্রতিবেশী দেশগুলোর সাথে নতুন বাণিজ্য চুক্তি করে বাজার বিস্তৃত করা। দক্ষিণ এশীয় দেশগুলোর সাথে অর্থনৈতিক সম্পর্ককে আরও সুসংহত করতে হবে।

★**আন্তর্জাতিক বাজারে প্রবেশ:** বাংলাদেশকে বৈশ্বিক অর্থনীতিতে আরও অন্তর্ভুক্ত করার জন্য আন্তর্জাতিক বাণিজ্য ফোরাম এবং সংস্থাগুলোর সাথে সহযোগিতা বাড়ানো।

★ **বিদ্যুৎ ও জ্বালানি খাতের উন্নয়ন:-** পুননবীকরণযোগ্য জ্বালানির ব্যবহার: জ্বালানি সংকট নিরসনে এবং দীর্ঘমেয়াদী উন্নয়নের জন্য সোলার, বায়ু, এবং অন্যান্য নবায়নযোগ্য জ্বালানি উৎসে বিনিয়োগ বাড়াতে হবে।

জ্বালানির নিরাপত্তা:- জ্বালানির অভ্যন্তরীণ উৎপাদন বাড়াতে নতুন নতুন উৎস অনুসন্ধান ও প্রযুক্তির ব্যবহার নিশ্চিত করা।

★**অবকাঠামো উন্নয়ন:-** যোগাযোগ ব্যবস্থা উন্নয়ন: সড়ক, রেল, নৌ ও বিমান যোগাযোগ ব্যবস্থার উন্নয়ন করতে হবে, যাতে দেশের প্রতিটি অঞ্চলে সহজে পণ্য পরিবহন ও বাণিজ্য করা যায়।

★**বন্দর উন্নয়ন:** দেশের বন্দরগুলোর দক্ষতা ও সুবিধা বৃদ্ধি করতে হবে, যাতে রপ্তানি কার্যক্রম আরও দ্রুত ও কার্যকরভাবে পরিচালনা করা যায়।

★**দুর্নীতি প্রতিরোধ ও প্রশাসনিক সংস্কার:-** দুর্নীতির বিরুদ্ধে কঠোর পদক্ষেপ: অর্থনীতির বিকাশে সবচেয়ে বড় প্রতিবন্ধকতা দুর্নীতি। দুর্নীতি প্রতিরোধে কঠোর নীতি গ্রহণ করা এবং প্রশাসনিক কাঠামোয় স্বচ্ছতা ও জবাবদিহিতা নিশ্চিত করতে হবে।

★**জবাবদিহিমূলক প্রশাসন:-** প্রশাসনের প্রতিটি স্তরে জবাবদিহিতা নিশ্চিত করতে হবে, যাতে অর্থনৈতিক নীতি ও কার্যক্রম সুষ্ঠুভাবে বাস্তবায়িত হয়।

★**আন্তর্জাতিক সংস্থার সাথে সহযোগিতা:-** বৈদেশিক ঋণ ও বিনিয়োগের কার্যকর ব্যবহার: আন্তর্জাতিক সংস্থা যেমন বিশ্বব্যাংক, IMF, ADB ইত্যাদির সাথে কার্যকর সহযোগিতা করতে হবে এবং প্রাপ্ত ঋণ ও বিনিয়োগের যথাযথ ব্যবহার নিশ্চিত করতে হবে।

আন্তর্জাতিক উন্নয়ন প্রকল্প:- আন্তর্জাতিক উন্নয়ন প্রকল্পের মাধ্যমে দেশের অবকাঠামো ও মানবসম্পদ উন্নয়নে ভূমিকা রাখতে হবে।

পর্যটন খাতের উন্নয়ন:- পর্যটন খাতের বিকাশে নীতিমালা প্রণয়ন এবং অবকাঠামোগত উন্নয়ন করতে হবে, যাতে দেশি ও বিদেশি পর্যটকদের আকর্ষণ করা যায়। পর্যটনের মাধ্যমে বৈদেশিক মুদ্রা অর্জন ও কর্মসংস্থান সৃষ্টি সম্ভব।

সামাজিক নিরাপত্তা ও সমতা:- নিম্নআয়ের জনগোষ্ঠীর জন্য সামাজিক নিরাপত্তা কর্মসূচি চালু করে অর্থনৈতিক বৈষম্য কমানো,নারীর অর্থনৈতিক ক্ষমতায়ন এবং কর্মসংস্থানে নারীদের জন্য সুযোগ সৃষ্টির মাধ্যমে অর্থনৈতিক সমতা নিশ্চিত করা।

উপসংহার:- বাংলাদেশের অর্থনীতি শক্তিশালী করতে হলে আগামী রাজনীতিকে একটি সুসংহত এবং স্থিতিশীল অর্থনৈতিক নীতি গ্রহণ করতে হবে। এর মধ্যে শিল্প ও রপ্তানির উন্নয়ন, কৃষি খাতের আধুনিকায়ন, মানবসম্পদের উন্নয়ন, এবং প্রযুক্তির ব্যবহার নিশ্চিত করা জরুরি। রাজনৈতিক সদিচ্ছা ও দূরদর্শী নেতৃত্বের মাধ্যমেই এসব নীতিমালা বাস্তবায়ন সম্ভব, যা দেশের সামগ্রিক অর্থনৈতিক উন্নয়নের জন্য অত্যন্ত গুরুত্বপূর্ণ।

৪২.পরিবেশ ও জলবায়ু রক্ষায় আগামীর রাজনীতি কি ধরনের

ভূমিকা রাখতে পারে বিস্তারিত আলোচনা করুন।

পরিবেশ ও জলবায়ু রক্ষায় রাজনীতির ভূমিকা অত্যন্ত গুরুত্বপূর্ণ, কারণ নীতিনির্ধারণী প্রক্রিয়ার মাধ্যমে এটি দীর্ঘমেয়াদে পরিবেশগত সুরক্ষা এবং জলবায়ু পরিবর্তন মোকাবিলায় প্রভাব ফেলে। আগামীর রাজনীতি পরিবেশ ও জলবায়ু রক্ষায় বিভিন্নভাবে ভূমিকা রাখতে পারে:-

★ **টেকসই নীতিমালা প্রণয়ন:-** রাজনীতি পরিবেশ সংরক্ষণে টেকসই উন্নয়ন লক্ষ্যমাত্রা (SDGs)-এর সঙ্গে সামঞ্জস্য রেখে নীতিমালা প্রণয়ন করতে পারে।

★ **পরিবেশ বান্ধব শক্তি:-** নবায়নযোগ্য শক্তির উৎস যেমন সৌর, বায়ু, এবং জলবিদ্যুৎ ব্যবহারে নীতিমালা প্রণয়ন।

★ **পরিবেশ আইন:-** গাছ কাটা, নদী দূষণ, এবং প্লাস্টিক ব্যবহার কমানোর জন্য কঠোর আইন প্রণয়ন এবং প্রয়োগ।

★ ★ **জলবায়ু পরিবর্তনের প্রভাব মোকাবিলা:-**

★ **আন্তর্জাতিক সহযোগিতা:-** জলবায়ু পরিবর্তন মোকাবিলায় বৈশ্বিক উদ্যোগ যেমন প্যারিস চুক্তি এবং COP মিটিংগুলোতে অংশগ্রহণ এবং প্রতিশ্রুতি বাস্তবায়ন।

★ **অবকাঠামো উন্নয়ন:-** উপকূলীয় এলাকা এবং জলবায়ু পরিবর্তনে ঝুঁকিপূর্ণ অঞ্চলগুলোতে বাঁধ ও সুরক্ষিত অবকাঠামো নির্মাণ।

★ ★ **দূষণ নিয়ন্ত্রণ:**

শিল্প দূষণ:- শিল্প কারখানায় দূষণ নিয়ন্ত্রণে কঠোর নিয়ম এবং জরিমানা আরোপ।

★ **পরিবহন:-** জ্বালানি দক্ষ পরিবহন ব্যবস্থা চালু করা এবং বৈদ্যুতিক যানবাহন ব্যবহারে জনগণকে উৎসাহিত করা।

★ **বর্জ্য ব্যবস্থাপনা:** পুনর্ব্যবহারযোগ্য প্রযুক্তি এবং কমপোস্টিংয়ের মতো পরিবেশ বান্ধব পদ্ধতির প্রচলন।

★ **বন ও জীববৈচিত্র্য রক্ষা:-** বনায়ন: ব্যাপকভাবে বনায়নের উদ্যোগ গ্রহণ এবং বন উজাড় বন্ধে কার্যকর পদক্ষেপ।

★ **প্রাকৃতিক সম্পদ সংরক্ষণ:-** জীববৈচিত্র্য রক্ষা এবং প্রাকৃতিক সম্পদ ব্যবহারের ওপর নিয়ন্ত্রণ আরোপ।

★ **জলসম্পদের সুরক্ষা:-** নদী ও জলাভূমি: নদী ও জলাশয়ের দূষণ রোধে কঠোর আইন প্রণয়ন।

★ **পানি সংরক্ষণ:-** ভূগর্ভস্থ জল স্তর সংরক্ষণ এবং জলবন্টনে ন্যায্যতা নিশ্চিত করা।

★ **শিক্ষার মাধ্যমে সচেতনতা:-** রাজনীতি জনগণের মধ্যে সচেতনতা সৃষ্টিতে ভূমিকা রাখতে পারে:

★ **পরিবেশ শিক্ষা:-** শিক্ষাব্যবস্থায় পরিবেশ এবং জলবায়ু পরিবর্তন সম্পর্কিত বিষয় অন্তর্ভুক্ত করা।

★ **প্রচারণা:-** পরিবেশ বান্ধব পদ্ধতির ওপর ভিত্তি করে জনসচেতনতা বৃদ্ধি করা।

★ ★ **প্রযুক্তি ও গবেষণা:-**

★ **পরিবেশ বান্ধব প্রযুক্তি:-** পরিবেশগত সমস্যা সমাধানের জন্য গবেষণায় বিনিয়োগ।

★ **ডিজিটাল নজরদারি:-** বন উজাড় এবং দূষণ পর্যবেক্ষণে উন্নত প্রযুক্তি ব্যবহার।

★ ★ **সামাজিক আন্দোলনের সহযোগিতা:-**

★ **পরিবেশ রক্ষাকারী সংগঠন:** এনজিও এবং পরিবেশবাদী আন্দোলনের সঙ্গে সরকার ও রাজনীতিবিদদের সহযোগিতা।

★ **স্বেচ্ছাসেবক উদ্যোগ:-** স্থানীয় জনগণকে পরিবেশ রক্ষায় অংশগ্রহণ করতে উৎসাহিত করা।

★ ★ **সবুজ অর্থনীতি:-**

★ **করছাড়:-** পরিবেশ বান্ধব উদ্যোগগুলোতে বিনিয়োগকারীদের জন্য কর ছাড়।

★ **সবুজ শিল্পনীতি:-** এমন শিল্পায়ন নিশ্চিত করা যা পরিবেশবান্ধব এবং টেকসই।

★ **ভবিষ্যৎ প্রজন্মের জন্য দায়িত্বশীলতা:-** রাজনীতিকে নিশ্চিত করতে হবে যে প্রাকৃতিক সম্পদ ব্যবহারে ভবিষ্যৎ প্রজন্মের অধিকার অক্ষুন্ন থাকে। এ জন্য প্রাকৃতিক সম্পদের সংরক্ষণ এবং দায়িত্বশীল ব্যবহারের ওপর জোর দেওয়া উচিত।

উপসংহার:-রাজনীতির মূল লক্ষ্য হওয়া উচিত পরিবেশ ও জলবায়ুর সুরক্ষা নিশ্চিত করার মাধ্যমে একটি সবুজ, টেকসই এবং বাসযোগ্য পৃথিবী গড়ে তোলা।

৪৩ তম অধ্যায়

৪৩. তথ্য ও প্রযুক্তির উন্নয়নে আগামী রাজনীতি কি ধরনের ভূমিকা রাখতে পারে বিস্তারিত আলোচনা করুন।

তথ্য ও প্রযুক্তির (আইটি) উন্নয়নে আগামী রাজনীতি অত্যন্ত গুরুত্বপূর্ণ ভূমিকা পালন করতে পারে, যা দেশের অর্থনৈতিক প্রবৃদ্ধি, সামাজিক উন্নয়ন, এবং বৈশ্বিক প্রতিযোগিতায় এগিয়ে যাওয়ার জন্য অপরিহার্য। প্রযুক্তি খাতের সঠিক বিকাশে রাজনৈতিক নেতৃত্বের কিছু প্রধান ভূমিকা হতে পারে:

★আইটি অবকাঠামোর উন্নয়ন:- ডিজিটাল অবকাঠামো গড়ে তোলা: উচ্চ গতির ইন্টারনেট এবং অপটিক্যাল ফাইবার নেটওয়ার্ক সারাদেশে বিস্তৃত করা। গ্রাম থেকে শহর পর্যন্ত প্রতিটি অঞ্চলে সাশ্রয়ী এবং সহজলভ্য ইন্টারনেট সুবিধা নিশ্চিত করা।

★ডাটা সেন্টার ও ক্লাউড ইনফ্রাস্ট্রাকচার:- সরকারি ও বেসরকারি প্রতিষ্ঠানগুলোর জন্য নিরাপদ ডাটা সেন্টার ও ক্লাউড প্রযুক্তি উন্নয়ন করা, যা নিরাপদ তথ্য সংরক্ষণ এবং আদান-প্রদান নিশ্চিত করবে।

★ই-গভর্নেন্স ও ডিজিটাল সেবা:- ই-গভর্নেন্সের প্রসার: প্রশাসনিক কার্যক্রমকে ডিজিটাল প্ল্যাটফর্মে নিয়ে আসা, যাতে জনগণ দ্রুত এবং সহজে সরকারি সেবা পেতে পারে। উদাহরণস্বরূপ, ভূমি নিবন্ধন, কর প্রদান, এবং স্বাস্থ্যসেবা ডিজিটালাইজ করা।

★ডিজিটাল আইডি ও পেমেন্ট গেটওয়ে:-জাতীয় পরিচয়পত্র, স্বাস্থ্য সেবা কার্ড, এবং অন্যান্য সরকারি সেবায় সহজ ডিজিটাল আইডি ও অনলাইন পেমেন্ট ব্যবস্থা চালু করা।

★আইটি শিক্ষা ও দক্ষ জনবল তৈরির উদ্যোগ:- আইটি শিক্ষা ব্যবস্থার আধুনিকায়ন: স্কুল, কলেজ ও বিশ্ববিদ্যালয় পর্যায়ে আইটি শিক্ষা বাধ্যতামূলক করা। শিক্ষার্থীদের তথ্য প্রযুক্তি বিষয়ে দক্ষ করে তোলা।

★দক্ষতা বৃদ্ধি কর্মসূচি:- সরকারি উদ্যোগে প্রশিক্ষণ কেন্দ্র ও স্কিল ডেভেলপমেন্ট প্রোগ্রামের মাধ্যমে তরুণদের আইটি খাতে দক্ষ করে তোলা। আইটি ইনকিউবেটর এবং হাব স্থাপন করা, যা স্টার্টআপ গড়ে তোলার সহায়ক হবে।

★উদ্ভাবন ও গবেষণার উন্নয়ন:- আইটি খাতে গবেষণা ও উদ্ভাবনের জন্য ফান্ডিং: প্রযুক্তিগত উদ্ভাবন বাড়ানোর জন্য সরকারিভাবে আর্থিক সহায়তা প্রদান করা এবং গবেষণা ও উন্নয়ন (R&D) খাতে বিনিয়োগ বৃদ্ধি করা।

★ **বিশ্ববিদ্যালয় ও শিল্প খাতের সহযোগিতা:-** তথ্যপ্রযুক্তি খাতে বিশ্ববিদ্যালয় ও বেসরকারি শিল্প প্রতিষ্ঠানের মধ্যে সমন্বয় তৈরি করা, যাতে নতুন উদ্ভাবন ও প্রযুক্তি বিকাশ সম্ভব হয়।

★ **আইটি খাতে বিনিয়োগ ও ব্যবসায়িক পরিবেশ উন্নয়ন:-** বিনিয়োগবান্ধব নীতি গ্রহণ: বিদেশি ও দেশীয় বিনিয়োগ আকর্ষণের জন্য সহজ ও বিনিয়োগবান্ধব আইটি নীতিমালা প্রণয়ন করা।

★ **আইটি স্টার্টআপদের জন্য বিশেষ সহায়তা:-** স্টার্টআপ ইকোসিস্টেম উন্নয়নের জন্য ঋণ সুবিধা, ট্যাক্স ছাড়, এবং প্রযুক্তি হাব গড়ে তোলা। বিশেষত, তরুণ উদ্যোক্তাদের জন্য সহায়ক পরিবেশ তৈরি করা।

★ **সাইবার নিরাপত্তা ও তথ্যের গোপনীয়তা নিশ্চিতকরণ:-** সাইবার নিরাপত্তা নীতি: সাইবার হামলা, তথ্য চুরি এবং ডিজিটাল অপরাধ মোকাবিলায় কঠোর আইন এবং নিরাপত্তা ব্যবস্থা তৈরি করা।

★ **ডেটা প্রাইভেসি আইন:-** তথ্যের সুরক্ষা নিশ্চিত করতে ডেটা প্রাইভেসি আইন প্রণয়ন এবং প্রয়োগ করা, যাতে নাগরিকদের ব্যক্তিগত তথ্যের গোপনীয়তা রক্ষা হয়।

★ ★ **আর্টিফিশিয়াল ইন্টেলিজেন্স (AI) ও অটোমেশন:-**

★ **AI এবং মেশিন লার্নিং এর ব্যবহার:-** সরকারি এবং বেসরকারি খাতে আর্টিফিশিয়াল ইন্টেলিজেন্স ও মেশিন লার্নিং প্রযুক্তির ব্যবহার বাড়াতে সরকারিভাবে উদ্যোগ নেওয়া।

★ **অটোমেশনকে উৎসাহিত করা:-** উৎপাদন এবং সেবাখাতে অটোমেশন প্রযুক্তির প্রয়োগ বাড়িয়ে দক্ষতা বৃদ্ধি করা এবং নতুন কর্মসংস্থান সৃষ্টি করা।

★ **ব্লকচেইন এবং ফিনটেক উদ্ভাবন:-** ব্লকচেইন প্রযুক্তির প্রসার: আর্থিক লেনদেন, চুক্তি, এবং তথ্যের স্বচ্ছতা ও নিরাপত্তা নিশ্চিত করতে ব্লকচেইন প্রযুক্তি ব্যবহারের উদ্যোগ নেওয়া।

★ **ফিনটেক খাতের বিকাশ:-** ডিজিটাল ব্যাংকিং, মোবাইল ব্যাংকিং, এবং অনলাইন পেমেন্ট সিস্টেমকে উন্নত করতে ফিনটেক খাতে বিনিয়োগ ও নীতিগত সহায়তা প্রদান করা।

★ ★ **গ্রামীণ ও প্রত্যন্ত অঞ্চলে ডিজিটালাইজেশন:-**

★ **ডিজিটাল বৈষম্য কমানো:-** গ্রামীণ এবং প্রত্যন্ত অঞ্চলে ইন্টারনেট সুবিধা সম্প্রসারণ করা এবং এসব অঞ্চলের জনগণকে আইটি সেবা প্রদানে সক্ষম করে তোলা।

★ **অনলাইন শিক্ষা ও স্বাস্থ্যসেবা:-** ডিজিটালাইজেশনের মাধ্যমে গ্রামীণ জনগোষ্ঠীকে সহজে শিক্ষা ও স্বাস্থ্যসেবা দিতে অনলাইন প্ল্যাটফর্ম তৈরির উদ্যোগ নেওয়া।

★ ★ **আন্তর্জাতিক সহযোগিতা ও প্রযুক্তি স্থানান্তর:-**

★ **আন্তর্জাতিক সহযোগিতা বৃদ্ধি:-** উন্নত দেশগুলো থেকে প্রযুক্তি স্থানান্তর করতে দ্বিপাক্ষিক ও বহুপাক্ষিক চুক্তি করা। আন্তর্জাতিক আইটি কোম্পানিগুলোকে বিনিয়োগ করতে আকৃষ্ট করা।

★ **বৈশ্বিক আইটি ফোরামে অংশগ্রহণ:-** বৈশ্বিক আইটি ফোরাম ও সম্মেলনে অংশগ্রহণ করে দেশের প্রযুক্তিগত দক্ষতা বৃদ্ধি করা এবং আন্তর্জাতিক প্রযুক্তির সঙ্গে সংযুক্ত থাকা।

★ ★ **ডিজিটাল অর্থনীতি ও ই-কমার্স:-**

★ **ই-কমার্সের প্রসার:-** ই-কমার্স খাতের জন্য বিশেষ নীতিমালা প্রণয়ন করে এ খাতকে উৎসাহিত করা এবং দেশীয় ব্যবসায়ীদের বিশ্ববাজারে প্রবেশের সুযোগ তৈরি করা।

★ **ডিজিটাল মুদ্রা ও ক্রিপ্টোকারেন্সি:-** নিরাপদ ডিজিটাল মুদ্রার ব্যবহার এবং ক্রিপ্টোকারেন্সির আইনগত কাঠামো প্রণয়নের মাধ্যমে দেশে অর্থনৈতিক উদ্ভাবন উৎসাহিত করা।

★ ★ **টেকসই উন্নয়ন এবং গ্রিন টেকনোলজি:-**

★ **পরিবেশবান্ধব প্রযুক্তি:-** পরিবেশের ক্ষতি না করে প্রযুক্তিগত উন্নয়নের জন্য গ্রিন টেকনোলজির প্রচলন করা। টেকসই প্রযুক্তি ব্যবহারে জনগণকে সচেতন করা।

★ ★ **প্রযুক্তি সচেতনতা এবং জনসচেতনতা বৃদ্ধি:-**

প্রযুক্তি সম্পর্কে সচেতনতা বৃদ্ধি:- তথ্য ও প্রযুক্তির সুফল সম্পর্কে জনগণকে সচেতন করার জন্য সরকারি উদ্যোগ নেওয়া। শিক্ষার্থীদের প্রযুক্তি ব্যবহার শেখানোর জন্য বিশেষ কর্মশালা এবং প্রচারণা চালানো।

উপসংহার:- এইভূমিকা এবং পদক্ষেপগুলো বাস্তবায়ন হলে আগামী রাজনীতি দেশের তথ্যপ্রযুক্তি খাতকে এগিয়ে নিয়ে যেতে পারবে, যা দেশের অর্থনৈতিক ও সামাজিক উন্নয়নের অন্যতম চালিকা শক্তি হয়ে উঠবে।

৪৪ তম অধ্যায়

৪৪. বিদ্যুৎ ও জ্বালানি সংকট নিয়ন্ত্রণে আগামী রাজনীতি কি ধরনের ভূমিকা রাখতে পারে বিস্তারিত আলোচনা করুন।

বিদ্যুৎ ও জ্বালানি সংকট নিয়ন্ত্রণে আগামী রাজনীতি গুরুত্বপূর্ণ ভূমিকা পালন করতে পারে। দেশের বিদ্যুৎ ও জ্বালানি নিরাপত্তা নিশ্চিত করতে রাজনৈতিক নেতৃত্বকে সঠিক নীতিমালা প্রণয়ন, আধুনিক প্রযুক্তি গ্রহণ, এবং দীর্ঘমেয়াদী পরিকল্পনা বাস্তবায়ন করতে হবে। কিছু গুরুত্বপূর্ণ ভূমিকা হলো:

★ **বহুমাত্রিক জ্বালানি উৎসের উন্নয়ন:-** নবায়নযোগ্য জ্বালানি: সৌর, বায়ু, জলবিদ্যুৎ এবং বায়োগ্যাসের মতো নবায়নযোগ্য জ্বালানির ব্যবহার বাড়াতে সরকারি উদ্যোগ ও বেসরকারি বিনিয়োগ বৃদ্ধি করা। নবায়নযোগ্য জ্বালানি ব্যবহার বিদ্যুৎ উৎপাদনের একটি টেকসই ও পরিবেশবান্ধব সমাধান।

★ **বৈদ্যুতিক গাড়ি ও শিল্পখাতে বিদ্যুতের ব্যবহার:-** যানবাহন ও শিল্পখাতে বিদ্যুতের ব্যবহার বাড়ানোর জন্য বিদ্যুৎচালিত যানবাহন এবং বিদ্যুৎ নির্ভর শিল্পায়ন উন্নয়ন করতে পদক্ষেপ নেওয়া।

★ ★ **জ্বালানির সাশ্রয়ী ব্যবহার নিশ্চিতকরণ:-**

★ **সাশ্রয়ী প্রযুক্তি:-** বিদ্যুতের অপচয় কমাতে এবং সাশ্রয়ী ব্যবহার নিশ্চিত করতে শক্তি সাশ্রয়ী প্রযুক্তি ও যন্ত্রপাতি ব্যবহারকে উৎসাহিত করা।

★ **অটোমেটেড বিদ্যুৎ ব্যবস্থাপনা:-** স্মার্ট গ্রিড প্রযুক্তি ও মিটারিং সিস্টেম ব্যবহার করে বিদ্যুৎ সরবরাহ এবং খরচ নিয়ন্ত্রণ করা, যাতে বিদ্যুতের অপচয় কমানো যায়।

★ ★ **প্রচলিত জ্বালানি উৎসের দক্ষ ব্যবহারে জোর:-**

★ **গ্যাস ও কয়লার সঠিক ব্যবহার:-** দেশের প্রাকৃতিক গ্যাস ও কয়লার মতো প্রচলিত জ্বালানি উৎসের সঠিক ও সাশ্রয়ী ব্যবহার নিশ্চিত করা। বিদ্যুৎ উৎপাদনের জন্য অতি নির্ভরযোগ্য গ্যাস ও কয়লাভিত্তিক বিদ্যুৎকেন্দ্র নির্মাণ ও আধুনিকায়ন করা।

★ **জ্বালানি মজুত বাড়ানো:-** জ্বালানি সংরক্ষণ করতে মজুদ ব্যবস্থা উন্নত করা এবং গ্যাস ও তেল উৎপাদন ও সরবরাহে আধুনিক প্রযুক্তি প্রয়োগ করা।

★ ★ **পরমাণু বিদ্যুৎ প্রকল্পে বিনিয়োগ:-**

★ **পরমাণু শক্তি ব্যবহার:-** দেশের বিদ্যুৎ চাহিদা মেটাতে পরমাণু শক্তির ব্যবহার বাড়ানো। এটি সাশ্রয়ী এবং দীর্ঘমেয়াদে

স্থায়িত্বশীল বিদ্যুৎ উৎপাদনের একটি নির্ভরযোগ্য উৎস হতে পারে।

★**নিরাপত্তা ও আন্তর্জাতিক মানদণ্ড:-** পরমাণু বিদ্যুৎ উৎপাদনে আন্তর্জাতিক নিরাপত্তা মানদণ্ড অনুসরণ করা এবং পর্যাপ্ত নিরাপত্তা ব্যবস্থা নিশ্চিত করা।

★ ★**বৈদেশিক বিনিয়োগ ও প্রযুক্তি স্থানান্তর:-**

★**বিদেশি বিনিয়োগ আকর্ষণ:-**বিদ্যুৎ ও জ্বালানি খাতে বিদেশি বিনিয়োগ আকর্ষণ করার জন্য নীতিমালা গ্রহণ করা, বিশেষ করে নবায়নযোগ্য জ্বালানি খাতে।

★**আন্তর্জাতিক প্রযুক্তি ব্যবহার:-** উন্নত দেশগুলোর কাছ থেকে প্রযুক্তি স্থানান্তর করে বিদ্যুৎ উৎপাদন ও ব্যবস্থাপনায় আধুনিক প্রযুক্তি প্রয়োগ করা। এতে উৎপাদন দক্ষতা বাড়বে এবং পরিবেশের ওপর নেতিবাচক প্রভাব কমবে।

★ ★**জ্বালানি আমদানি ও সংরক্ষণ:-**

★**তেল ও গ্যাস আমদানি:-** জ্বালানি সংকট মোকাবেলায় বৈদেশিক তেল ও গ্যাস আমদানির জন্য দীর্ঘমেয়াদী চুক্তি করা এবং মজুত বাড়ানোর জন্য কৌশলগত উদ্যোগ নেওয়া।

★**এলএনজি ও এলপিজি ব্যবহার:-** জ্বালানি ঘাটতি পূরণ করতে এলএনজি (তরল প্রাকৃতিক গ্যাস) এবং এলপিজির ব্যবহার বাড়ানো।

★ ★**গবেষণা ও উদ্ভাবন:-**

★**গবেষণা ও উন্নয়ন:-** জ্বালানি খাতের উন্নয়নে গবেষণা ও উন্নয়নের জন্য সরকারি ও বেসরকারি উদ্যোগ গ্রহণ করা। নবায়নযোগ্য শক্তির ব্যবহার বাড়াতে নতুন প্রযুক্তির উদ্ভাবন করতে হবে।

★**বিশ্ববিদ্যালয় ও গবেষণা প্রতিষ্ঠানের ভূমিকা:-** স্থানীয় পর্যায়ে প্রযুক্তিগত উদ্ভাবন এবং বিকাশের জন্য শিক্ষাপ্রতিষ্ঠান ও গবেষণা সংস্থার সহযোগিতা বৃদ্ধি করা।

★ ★**পাবলিক-প্রাইভেট পার্টনারশিপ (PPP):-**

★**বেসরকারি খাতের অংশগ্রহণ:-** বেসরকারি খাতের বিনিয়োগ বাড়াতে এবং বিদ্যুৎ উৎপাদনে তাদের সম্পৃক্ত করতে পাবলিক-প্রাইভেট পার্টনারশিপ (PPP) মডেল চালু করা। এতে বিদ্যুৎ খাতে উদ্ভাবনী ধারণা ও প্রযুক্তি আসবে।

★ ★**দক্ষ ও প্রশিক্ষিত জনবল তৈরির উদ্যোগ:-**

★**কর্মী প্রশিক্ষণ:-** বিদ্যুৎ খাতের জন্য দক্ষ জনবল তৈরি করতে প্রশিক্ষণ কর্মসূচি চালু করা। এর মাধ্যমে জ্বালানি উৎপাদন, ব্যবস্থাপনা, এবং সরবরাহে দক্ষতা বৃদ্ধি পাবে।

★**শিক্ষা ও গবেষণার সমন্বয়:-** বিদ্যুৎ ও জ্বালানি ব্যবস্থার উন্নয়নে বিশেষজ্ঞদের প্রশিক্ষণ দেওয়া এবং এই খাতে গবেষণার উপর জোর দেওয়া।

★**জনসচেতনতা বৃদ্ধি:-**

★**জ্বালানি সাশ্রয়ে সচেতনতা:-** জনগণকে জ্বালানি সাশ্রয়ের প্রয়োজনীয়তা সম্পর্কে সচেতন করা এবং এর অপচয় রোধে সরকারি উদ্যোগ গ্রহণ করা।

★**পরিবেশ বান্ধব আচরণ:-** পরিবেশবান্ধব এবং টেকসই জ্বালানি ব্যবহারের জন্য জনসাধারণকে উদ্বুদ্ধ করা।

★ ★**টেকসই উন্নয়ন ও জলবায়ু পরিবর্তনের প্রভাব মোকাবিলা:-**

পরিবেশবান্ধব নীতি:- জলবায়ু পরিবর্তনের প্রভাব মোকাবিলায় পরিবেশবান্ধব এবং টেকসই জ্বালানি উৎপাদনে অগ্রাধিকার দেওয়া।

★**নবায়নযোগ্য জ্বালানিতে রূপান্তর:-** ধীরে ধীরে প্রচলিত জ্বালানি থেকে নবায়নযোগ্য শক্তিতে রূপান্তর ঘটিয়ে টেকসই উন্নয়নকে উৎসাহিত করা।

উপসংহার:- আগামীর রাজনীতি এসব উদ্যোগ ও পরিকল্পনা বাস্তবায়ন করলে বিদ্যুৎ ও জ্বালানি সংকট মোকাবিলায় কার্যকর ভূমিকা রাখতে সক্ষম হবে। এটি দেশের অর্থনৈতিক উন্নয়ন ও জনগণের জীবনযাত্রার মান বৃদ্ধির জন্য অত্যন্ত গুরুত্বপূর্ণ।

৪৫.অর্থনৈতিক বৈষম্য কমাতে এবং সম্পদের সমাবন্টন ব্যবস্থায় আগামীর রাজনীতি বাংলাদেশে কি ধরনের ভূমিকা রাখতে পারে বিস্তারিত আলোচনা করুন।

অর্থনৈতিক বৈষম্য কমানো এবং সম্পদের সমবন্টনের ক্ষেত্রে বাংলাদেশের আগামীর রাজনীতি একটি গুরুত্বপূর্ণ ভূমিকা পালন করতে পারে। এ প্রেক্ষাপটে নীতিনির্ধারকদের কার্যকর পদক্ষেপ এবং রাজনৈতিক প্রতিশ্রুতির বাস্তবায়ন অত্যন্ত জরুরি। এখানে কিছু প্রধান দিক তুলে ধরা হলো, যেখানে রাজনীতি ভূমিকা রাখতে পারে:

★ **প্রগতিশীল কর ব্যবস্থার বাস্তবায়ন:-** আয়করের মাধ্যমে ধনী ও দরিদ্রের মধ্যকার বৈষম্য কমানো সম্ভব। প্রগতিশীল কর ব্যবস্থার মাধ্যমে উচ্চ আয়ের মানুষদের উপর বেশি কর আরোপ করা যেতে পারে এবং নিম্ন আয়ের মানুষের করের চাপ কমানো যেতে পারে। এ ধরনের পদক্ষেপ রাজনীতিবিদদের নীতিনির্ধারণে অগ্রাধিকার দিতে হবে, যাতে ধনী ও দরিদ্রের মধ্যে বৈষম্য কমানো যায়।

★ **সামাজিক সুরক্ষা কর্মসূচির সম্প্রসারণ:-** সামাজিক সুরক্ষা কর্মসূচি যেমন বয়স্কভাতা, বিধবাভাতা, ভিজিএফ কার্ড এবং বেকার ভাতা সম্প্রসারণের মাধ্যমে দরিদ্র জনগোষ্ঠীর জীবনযাত্রার মান উন্নয়ন করা সম্ভব। রাজনৈতিক নেতাদের উচিত এসব কর্মসূচিকে আরও বিস্তৃত এবং কার্যকর করার ওপর জোর দেওয়া। বিশেষ করে গ্রামীণ এলাকায় সঠিকভাবে এই সুবিধাগুলো পৌঁছানোর জন্য জবাবদিহিতার ব্যবস্থা করতে হবে।

★ **ন্যায্য মজুরি এবং শ্রম অধিকার:-** শ্রমিকদের জন্য ন্যায্য মজুরি এবং শ্রম অধিকার নিশ্চিত করা অর্থনৈতিক বৈষম্য কমানোর অন্যতম উপায়। রাজনীতি শ্রম আইনগুলোর উন্নতি এবং শ্রমিকদের অধিকার সুরক্ষায় সক্রিয় ভূমিকা পালন করতে পারে। বিশেষ করে পোশাক খাত, নির্মাণ খাত এবং কৃষি খাতে কাজ করা শ্রমিকদের জন্য ন্যায্য মজুরি এবং কাজের ভালো পরিবেশ নিশ্চিত করা জরুরি।

★ **শিক্ষা ও প্রশিক্ষণে বিনিয়োগ:-** দীর্ঘমেয়াদে অর্থনৈতিক বৈষম্য কমানোর জন্য মানবসম্পদ উন্নয়ন অত্যন্ত গুরুত্বপূর্ণ। সরকারের উচিত মানসম্মত শিক্ষা এবং প্রযুক্তিগত প্রশিক্ষণ সুবিধা বাড়িয়ে মানুষের দক্ষতা উন্নয়নের ব্যবস্থা করা। বিশেষ

করে দরিদ্র এবং প্রান্তিক জনগোষ্ঠীর জন্য বিনামূল্যে বা সুলভ মূল্যে শিক্ষা ও প্রশিক্ষণ প্রদান করতে হবে, যাতে তারা উন্নত কর্মসংস্থানের সুযোগ পায়।

★ **ক্ষুদ্র ও মাঝারি শিল্পের (SME) উন্নয়ন:-** ক্ষুদ্র ও মাঝারি শিল্পে বিনিয়োগ ও ঋণ সুবিধা বাড়ানোর মাধ্যমে স্থানীয় অর্থনীতি এবং কর্মসংস্থান বৃদ্ধি সম্ভব। এই খাতগুলোতে ঋণ সুবিধা, কম সুদের হার এবং প্রশিক্ষণ কর্মসূচি চালু করার মাধ্যমে দরিদ্র জনগোষ্ঠীকে স্বাবলম্বী হতে সাহায্য করা যাবে। রাজনীতিবিদদের উচিত এই খাতগুলোকে সমর্থন করার নীতি গ্রহণ করা।

★ **ভূমি সংস্কার এবং কৃষকদের অধিকার:-** গ্রামীণ অর্থনীতিতে কৃষকরা বড় অংশ জুড়ে রয়েছে। ভূমি সংস্কার এবং কৃষকদের সঠিক মূল্য পাওয়া নিশ্চিত করার জন্য রাজনৈতিক উদ্যোগ প্রয়োজন। ভূমি অধিকার, সেচের সুবিধা, কৃষি ঋণ এবং আধুনিক কৃষি প্রযুক্তি সরবরাহের মাধ্যমে কৃষকদের অর্থনৈতিক অবস্থার উন্নয়ন করা যেতে পারে। এতে সম্পদের সমবণ্টন আরও ন্যায্যভাবে সম্ভব হবে।

★ **নারী ও প্রান্তিক জনগোষ্ঠীর অর্থনৈতিক ক্ষমতায়ন:-** নারী এবং প্রান্তিক জনগোষ্ঠীর অর্থনৈতিক ক্ষমতায়ন নিশ্চিত করা হলে সামগ্রিক বৈষম্য কমবে। রাজনৈতিক নেতাদের উচিত এসব গোষ্ঠীর অর্থনৈতিক অংশগ্রহণ বাড়ানোর জন্য কর্মসূচি গ্রহণ করা। তাদের জন্য সহজ ঋণ সুবিধা, শিক্ষা ও প্রশিক্ষণ, এবং কর্মসংস্থানের সুযোগ তৈরি করা গেলে সামগ্রিক অর্থনৈতিক উন্নয়ন ত্বরান্বিত হবে।

★ **দুর্নীতির বিরুদ্ধে জিরো টলারেন্স নীতি:-** দুর্নীতি অর্থনৈতিক বৈষম্য বাড়ানোর অন্যতম কারণ। সরকারী প্রকল্প থেকে শুরু করে কর ব্যবস্থায় দুর্নীতির কারণে সম্পদের অপচয় ঘটে। রাজনৈতিক নেতাদের দুর্নীতির বিরুদ্ধে কঠোর অবস্থান গ্রহণ করতে হবে এবং স্বচ্ছতা নিশ্চিত করতে হবে। জবাবদিহিতা বৃদ্ধি করা হলে সমাজের প্রত্যেক স্তরে সম্পদের সমবণ্টন আরও সুষ্ঠু হবে।

★ **সমান সুযোগ সৃষ্টি:-** বিভিন্ন পেশা এবং সেক্টরে প্রবেশের ক্ষেত্রে সমান সুযোগ তৈরি করতে হবে। সমাজের প্রান্তিক ও সুবিধাবঞ্চিত গোষ্ঠীগুলোর জন্য বিভিন্ন সরকারি ও বেসরকারি চাকরিতে প্রবেশাধিকার সহজ করতে হবে। পাশাপাশি, শিক্ষাগত এবং অর্থনৈতিক সুযোগ নিশ্চিত করতে হবে, যাতে সবার জন্য উন্নতির পথ উন্মুক্ত থাকে।

★ **সমন্বিত উন্নয়ন পরিকল্পনা গ্রহণ :-** শহর ও গ্রামের মধ্যে অর্থনৈতিক বৈষম্য কমাতে এবং অঞ্চলভিত্তিক উন্নয়নের জন্য সমন্বিত পরিকল্পনা প্রয়োজন। দূরবর্তী ও অনগ্রসর অঞ্চলগুলোতে অবকাঠামোগত উন্নয়ন, বিদ্যুৎ, স্বাস্থ্যসেবা এবং শিক্ষা সুবিধা বৃদ্ধি করে এই বৈষম্য কমানো সম্ভব।

উপসংহার:- বাংলাদেশের অর্থনৈতিক বৈষম্য কমানোর জন্য রাজনৈতিক দল ও নেতাদের দীর্ঘমেয়াদী এবং টেকসই নীতি গ্রহণ করতে হবে। জনগণের সার্বিক উন্নয়নের জন্য স্বচ্ছ, জবাবদিহিমূলক এবং ন্যায্য নীতি বাস্তবায়ন অপরিহার্য।

৪৬.দেশে শিল্প ও বাণিজ্যের বিকাশে আগামী রাজনীতি কি ধরনের ভূমিকা রাখতে পারে বিস্তারিত আলোচনা করুন।

দেশে শিল্প ও বাণিজ্যের বিকাশে আগামী রাজনীতি কিছু গুরুত্বপূর্ণ ভূমিকা পালন করতে পারে তা নিম্নে আলোচনা করা হলো।

★ **নীতিমালা ও পরিকল্পনা:-** শিল্প ও বাণিজ্য খাতে উন্নয়নমূলক নীতি এবং পরিকল্পনা তৈরি করা, যা বিনিয়োগকারীদের জন্য

উপযোগী পরিবেশ তৈরি করবে।

★ **বিনিয়োগ প্রণোদনা:-** বিদেশি ও স্থানীয় বিনিয়োগকারীদের আকর্ষণ করার জন্য প্রণোদনা ও সুবিধা প্রদান, যেমন ট্যাক্স অবকাশ, বিশেষ অর্থনৈতিক অঞ্চল প্রতিষ্ঠা, এবং ব্যবসার জন্য সহজ নিয়ম।

★ **পরিকাঠামো উন্নয়ন:-** শিল্প এবং বাণিজ্যিক কার্যক্রমের জন্য প্রয়োজনীয় পরিকাঠামো, যেমন রাস্তাঘাট, বিদ্যুৎ, পানির সরবরাহ এবং যোগাযোগ ব্যবস্থা উন্নয়ন করা।

★ **শিল্প ও প্রযুক্তি সমর্থন:-** গবেষণা ও উন্নয়নের জন্য তহবিল বরাদ্দ করা এবং নতুন প্রযুক্তির উন্নয়ন ও সম্প্রসারণে সহায়তা করা।

★ **বাণিজ্য সুবিধা:-** আন্তর্জাতিক বাণিজ্যের জন্য অবকাঠামো উন্নয়ন এবং শুল্ক ও বাণিজ্যনীতির সহজীকরণ করা, যাতে দেশি পণ্যের বৈশ্বিক বাজারে প্রবেশ সুবিধা হয়।

★ **শ্রমিক প্রশিক্ষণ:-** দক্ষতা উন্নয়ন এবং প্রশিক্ষণ প্রোগ্রাম চালু করা, যাতে শ্রমিকরা নতুন প্রযুক্তি ও শিল্পের সঙ্গে খাপ খাইয়ে নিতে পারে।

★ **নীতিগত স্থিতিশীলতা:-** রাজনৈতিক স্থিতিশীলতা বজায় রাখা এবং দীর্ঘমেয়াদী পরিকল্পনা বাস্তবায়নে দৃঢ়তা প্রদর্শন করা, যাতে ব্যবসায়ীরা অনিশ্চয়তার পরিবর্তে একটি স্থিতিশীল পরিবেশে কাজ করতে পারে।

★ **বাণিজ্যিক অবকাঠামো:-** শিল্প পার্ক, ব্যবসা কেন্দ্র, ও লজিস্টিক হাব স্থাপন করে বাণিজ্যিক কার্যক্রমকে সহজতর করা।

উপসংহার:- এই পদক্ষেপগুলি শিল্প ও বাণিজ্যের বিকাশকে ত্বরান্বিত করতে সহায়তা করবে এবং দেশের অর্থনৈতিক বৃদ্ধি ও স্থিতিশীলতা নিশ্চিত করবে।

৪৭ তম অধ্যায়

৪৭.আমদানি ও রপ্তানি বানিজ্য কে সহজতর এবং দুর্নীতিমুক্ত করতে আগামীর রাজনীতির কি ধরনের ভূমিকা রাখতে পারে বিস্তারিত আলোচনা করুন।

আমদানি ও রপ্তানি বানিজ্যকে সহজতর এবং দুর্নীতিমুক্ত করতে রাজনীতি গুরুত্বপূর্ণ ভূমিকা রাখতে পারে। এখানে কিছু ধাপ উল্লেখ করা হলো:-

★**নীতি এবং আইন সংস্কার:-** সরকার সুষ্ঠু নীতিমালা এবং আইনের সংস্কার করে ব্যবসার জন্য একটি স্বচ্ছ ও সহজতর পরিবেশ তৈরি করতে পারে। এটি আমদানি-রপ্তানি প্রক্রিয়া দ্রুত এবং সহজ করবে।

★**অটোমেশন এবং ডিজিটালাইজেশন:-** রাজনীতি ডিজিটাল প্রযুক্তির সাহায্যে আমদানি-রপ্তানি কার্যক্রমকে আধুনিকীকরণের জন্য উৎসাহিত করতে পারে। এতে দুর্নীতির সুযোগ কমবে এবং প্রক্রিয়া আরও সহজ হবে।

★ **তদারকি এবং আইন প্রয়োগ:-** দুর্নীতি মোকাবিলায় কঠোর নজরদারি এবং আইন প্রয়োগ নিশ্চিত করতে হবে। এ জন্য শক্তিশালী প্রতিষ্ঠান ও কার্যকর ব্যবস্থা গড়ে তুলতে হবে।

★**শিক্ষা এবং প্রশিক্ষণ:-** ব্যবসায়ী ও কর্মকর্তাদের জন্য নিয়মিত প্রশিক্ষণ ও সচেতনতা বৃদ্ধি করতে হবে যাতে তারা সঠিকভাবে নীতি ও নিয়ম অনুসরণ করে।

★**জনসাধারণের অংশগ্রহণ:-** সরকারী প্রকল্প এবং নীতি তৈরির সময় জনসাধারণ ও ব্যবসায়ীদের মতামত নেওয়া উচিত। এতে সমাজের বিভিন্ন স্তরের চাহিদা এবং সমস্যা ভালোভাবে বোঝা যাবে।

★**স্বচ্ছতা এবং গণমাধ্যমের ভূমিকা:-**সংবাদমাধ্যম এবং অন্যান্য প্ল্যাটফর্মের মাধ্যমে নীতি ও সিদ্ধান্তের স্বচ্ছতা নিশ্চিত করতে হবে যাতে জনমত ও চাপ কাজে লাগে।

উপসংহার:- এই পদক্ষেপগুলি যদি কার্যকরভাবে গ্রহণ করা হয়, তবে আমদানি ও রপ্তানি বানিজ্যকে সহজতর এবং দুর্নীতিমুক্ত করা সম্ভব হবে।

৪৮. প্রবাসীদের জীবন যাত্রার মান উন্নয়নে আগামী রাজনীতি কি ধরনের ভূমিকা রাখতে পারে বিস্তারিত আলোচনা করুন।

প্রবাসীদের জীবনযাত্রার মান উন্নয়নে রাজনীতি গুরুত্বপূর্ণ ভূমিকা রাখতে পারে। কিছু সম্ভাব্য পদক্ষেপের মধ্যে রয়েছে:-

★ **কূটনৈতিক সম্পর্ক উন্নয়ন:-** প্রবাসীদের সুরক্ষা, অধিকার এবং কল্যাণ নিশ্চিত করতে কূটনৈতিক সম্পর্ক শক্তিশালী করা অত্যন্ত গুরুত্বপূর্ণ। বিদেশে অবস্থানরত বাংলাদেশিদের জন্য বিশেষ কূটনৈতিক সেবা বাড়ানো যেতে পারে, যেমন কনসুলেট অফিসগুলোর ক্ষমতা বৃদ্ধি এবং সমস্যাগুলোর দ্রুত সমাধান।

★ **প্রবাসী কল্যাণ সুবিধা:-** প্রবাসীদের জন্য বিশেষ কল্যাণ তহবিল, স্বাস্থ্যবীমা, এবং পেনশন সুবিধা প্রদান করা যেতে পারে। এতে প্রবাসীরা বিদেশে কাজ করার সময় আর্থিক নিরাপত্তা পাবেন এবং ভবিষ্যতের জন্য সঞ্চয় করতে পারবেন।

★ **অভিবাসন প্রক্রিয়া সহজতর করা:-** বৈধ উপায়ে বিদেশে যাওয়ার প্রক্রিয়াকে সহজ করা দরকার। সরকারি উদ্যোগে প্রবাসী কর্মীদের জন্য সঠিক তথ্য ও প্রশিক্ষণ দিয়ে অভিবাসন প্রক্রিয়ার জটিলতা কমানো যেতে পারে।

★ **প্রবাসীদের দক্ষতা উন্নয়ন:-** দক্ষতা উন্নয়ন প্রশিক্ষণ এবং মানসম্পন্ন শিক্ষা প্রবাসীদের জন্য অত্যন্ত গুরুত্বপূর্ণ। এর মাধ্যমে তারা বিদেশে ভালো মানের কাজ পেতে পারে এবং তাদের আয় বৃদ্ধি পাবে।

★ **প্রবাসীদের বিনিয়োগ উৎসাহিত করা:-** প্রবাসীদের দেশে বিনিয়োগ করতে উৎসাহিত করা উচিত। রাজনীতি এমন নীতিমালা তৈরি করতে পারে, যেখানে প্রবাসীরা সহজে দেশে বিনিয়োগ করতে পারবেন এবং কর ছাড় বা অন্যান্য সুবিধা পাবেন।

★ **মানসিক এবং সাংস্কৃতিক সহায়তা:-** প্রবাসীরা অনেক সময় মানসিক এবং সাংস্কৃতিক চ্যালেঞ্জের সম্মুখীন হন। তাই তাদের জন্য মানসিক স্বাস্থ্য সহায়তা, সাংস্কৃতিক কর্মসূচি এবং স্থানীয় কমিউনিটির সাথে সম্পর্ক স্থাপনের উদ্যোগ নেয়া যেতে পারে।

★ **দ্রুত এবং সহজ রেমিট্যান্স প্রক্রিয়া:-** প্রবাসীদের পাঠানো অর্থ যাতে দ্রুত এবং সুরক্ষিতভাবে তাদের পরিবারের কাছে পৌঁছায়, সেজন্য রাজনীতি সহজ এবং সুলভ রেমিট্যান্স প্রক্রিয়ার দিকে মনোনিবেশ করতে পারে।

এই পদক্ষেপগুলো বাস্তবায়ন করা হলে প্রবাসীদের জীবনযাত্রার মান উন্নয়ন ও তাদের সুরক্ষা নিশ্চিত করা সম্ভব হবে।

৪৯. বাংলাদেশের প্রাকৃতি সম্পদ এবং সৌন্দর্য কে কাজে লাগিয়ে দেশ উন্নয়নে আগামীর রাজনীতি কি ধরনের ভূমিকা রাখতে পারে বিস্তারিত আলোচনা করুন।

বাংলাদেশের প্রাকৃতি সম্পদ এবং সৌন্দর্য উন্নয়নে অবদান রাখতে পারে এমন রাজনীতির কিছু দিক হতে পারে যেমন:-

★ **পর্যটন খাত উন্নয়ন:-** প্রাকৃতিক সৌন্দর্য যেমন সুন্দরবন, সেন্ট মার্টিন দ্বীপ, ও হিমালয় অঞ্চলের নিকটবর্তী এলাকাগুলোর পর্যটন সম্ভাবনা বাড়ানো। এতে দেশের অর্থনীতিতে ইতিবাচক প্রভাব পড়বে এবং বিদেশি বিনিয়োগ আকর্ষণ করবে।

★ **প্রাকৃতিক সম্পদের সুরক্ষা:-** বন, নদী, এবং পরিবেশগত সম্পদের সুরক্ষা নিশ্চিত করা। রাজনীতি পরিবেশবান্ধব নীতি গ্রহণ করে এবং পরিবেশগত ক্ষতির বিরুদ্ধে কঠোর ব্যবস্থা গ্রহণ করতে পারে।

★ **বিভিন্ন অঞ্চল উন্নয়ন:-** দেশের বিভিন্ন অঞ্চলের প্রাকৃতিক সম্পদের সদ্ব্যবহার করে তাদের অর্থনৈতিক উন্নয়ন ঘটানো, যা দেশব্যাপী সমতা ও স্থিতিশীলতা নিশ্চিত করবে।

★ **সাশ্রয়ী ও টেকসই উন্নয়ন:-** প্রাকৃতিক সম্পদের টেকসই ব্যবহারের মাধ্যমে উন্নয়ন কার্যক্রম পরিচালনা করা যাতে দীর্ঘমেয়াদী ফলস্বরূপ পাওয়া যায়।

উপসংহার:- এই পদক্ষেপগুলি দেশের অর্থনৈতিক, সামাজিক, এবং পরিবেশগত উন্নয়নকে সমর্থন করতে সাহায্য করতে পারে।

৫০. পর্যটন খাতে বিদেশি নাগরিকদের নিরাপত্তা নিশ্চিত করতে আগামীর রাজনীতি কি ধরনের ভূমিকা রাখতে পারে।

পর্যটন খাতে বিদেশি নাগরিকদের নিরাপত্তা নিশ্চিত করতে আগামীর রাজনীতি কিছু গুরুত্বপূর্ণ ভূমিকা পালন করতে পারে:-

★ **নিরাপত্তা পরিকল্পনা ও বাস্তবায়ন:-** পর্যটন এলাকাগুলিতে নিরাপত্তা পরিকল্পনা তৈরি করা এবং তা কার্যকরভাবে বাস্তবায়ন করা। এতে নিরাপত্তা বাহিনীর প্রশিক্ষণ, আধুনিক প্রযুক্তির ব্যবহার, এবং নিরাপত্তা ব্যবস্থা বৃদ্ধি অন্তর্ভুক্ত থাকতে পারে।

★ **বেসরকারি সেক্টরের সাথে সমন্বয়:-** পর্যটন শিল্পের সাথে যুক্ত বেসরকারি প্রতিষ্ঠান ও সেবাদাতাদের সাথে সমন্বয় করে নিরাপত্তা ব্যবস্থার উন্নয়ন করা।

★ **নিরাপত্তা বাহিনীর উন্নয়ন:-** পর্যটন কেন্দ্রগুলিতে বিশেষ নিরাপত্তা বাহিনী নিয়োগ করা এবং তাদের প্রশিক্ষণ ও পরিকাঠামো উন্নয়নে বিনিয়োগ করা।

★ **বিপদ সংকেত ব্যবস্থা:-** জরুরি অবস্থায় দ্রুত প্রতিক্রিয়া জানাতে সক্ষম বিপদ সংকেত ব্যবস্থা তৈরি করা। পর্যটকদের নিরাপত্তার জন্য স্মার্ট প্রযুক্তি এবং মোবাইল অ্যাপ্লিকেশন ব্যবহার করা যেতে পারে।

★ **তথ্য সরবরাহ:-** বিদেশি পর্যটকদের নিরাপত্তা সংক্রান্ত তথ্য এবং সতর্কতা দ্রুত সরবরাহ করা। এছাড়া, বিভিন্ন ভাষায় সেবা প্রদান ও তথ্য প্রদান নিশ্চিত করা।

★ **অপরাধ প্রতিরোধ:-** পর্যটন এলাকাগুলিতে অপরাধমূলক কর্মকাণ্ড রোধে কার্যকর আইন প্রয়োগ ও পর্যবেক্ষণ ব্যবস্থা গড়ে তোলা।

★ **জরুরি সেবা:-** পর্যটকদের জন্য জরুরি সেবা কেন্দ্র এবং ২৪ ঘণ্টা যোগাযোগ ব্যবস্থা প্রতিষ্ঠা করা।

উপসংহার:- পদক্ষেপগুলি বিদেশি পর্যটকদের নিরাপত্তা নিশ্চিত করতে সহায়তা করবে এবং পর্যটন খাতের উন্নয়ন ও সুরক্ষাকে সমর্থন করবে।